서울 감성카페 투어

SEOUL CAFE TOUR

서울
감성카페
투어

SEOUL CAFE TOUR

서울 감성카페 50 가이드

Take & Write 이종훈

다산글방

Cafe List

PART 1
홍대·합정·상수·연남·망원

01 모멘트 커피 Moment Coffee · 008
02 라비데마히 La Vie Des Maries · 014
03 테일러 커피 Tailor Coffee · 020
04 아이들모먼츠 Idle Moments · 024
05 어반플랜트 Urban Plant · 030
06 시간의 공기 L″ Air Du Temps · 036
07 빔밤 Beambalm · 042
08 블뤼테 Blute · 048
09 카페 하이웨스트 Cafe Highwaist · 054
10 호텔 어라운드 Hotel Around · 060
11 알로하 제니 Aloha Jenny · 066
12 연남방앗간 · 070
13 종이다방 · 076
14 로지핀치 Rozy Finch · 082
15 왓코 Watco · 090
16 프릳츠 커피 컴퍼니
　Fritz Coffee Company · 094

PART 2
가로수길·압구정·잠실

17 애틱쏠트 Attic Salt · 102
18 마일스톤커피 Milestone Coffee · 108
19 딜라이트 베이커리 Delight Bakery · 114
20 캐주얼 커피 Casual Coffee · 120
21 카페 키츠네 Cafe Kitsune · 126
22 위커 파크 Wicker Park · 130

PART 3
이태원·한남동

23 10000LAB X NAMIB · 138
24 그랜드 뮤즈 Grand Muse · 144
25 루루디 Louloudi · 150
26 아이덴티티 커피랩
　Identity Coffeelap · 154

Cafe List

PART 4
건대입구·성수동

27 인덱스 Index · 164

28 카멜커피 Camel Coffee · 170

29 대림창고 · 176

30 우디집 Woody House · 182

PART 5
노원

31 스윗레시피 Sweet Recipe · 190

32 이너모스트 Innermost · 196

PART 6
성북·대학로

33 알렉스 더 커피 Alex the Coffee · 204

34 커피매터스 Coffee Matters · 210

35 홍콩샤워 Hongkong Shower · 216

36 학림다방 · 220

37 카페 키이로 Cafe Kiiro · 226

38 독일주택 Germany House · 230

PART 7
종로·을지로·서촌·북촌·삼청동·부암동

39 커피스트 Coffeest · 238

40 사직커피 Sazik Coffee · 242

41 민화 부티크 Minhwa Boutique · 248

42 커피사마리아 Coffeesa Maria · 254

43 탐스 로스팅코 Toms Roasting Co · 260

44 카페 스프링 Cafe Spring · 264

45 레이어드 Layered · 270

46 그린마일커피 Green Mile Coffee · 274

47 슬로우 스테디 클럽 Slow Steady Club · 280

48 코소 COSO · 284

49 CAFE D-55 · 290

50 데미타스 Demitasse · 294

Prologue

서울의 개성 있는 카페들을 다니면서 공간을 사진으로 담고 커피를 마시며 혼자 보내는 시간을 좋아합니다.
단순히 커피를 마시는 목적보다는 공간에 녹아 있는 시간을 느끼기 위해 다녀온 곳들입니다.
이 책에서 소개하는 50곳의 카페들은 컨셉도 색깔도 모두 다르지만, 카페에서 머무는 시간이 전혀 아깝지 않은 좋은 곳들입니다.
이 책을 보고 눈길이 가는 카페에 방문해서 여유롭고 좋은 시간을 보내셨으면 좋겠습니다.

PART 1

홍대·합정·상수·연남·망원

모멘트 커피
Moment Coffee

01

모멘트 커피 Moment Coffee

주소 서울 마포구 동교동 203-30(2호점)
영업 매일 10:00 - 22:00
휴무 없음
Instagram @moment_coffee

홍대에서 교토의 어느 한 카페에 온 듯한 기분을 느낄 수 있는 곳으로, 일본 감성의 아기자기한 소품들이 눈길을 끈다.

경의선 숲길에 있는 1호점과 홍대입구역 부근의 2호점이 있는데 뒤늦게 생긴 2호점이 인기가 많다.

다양한 음료와 디저트가 준비되어 있는데, 대표 메뉴인 계란말이 빵을 꼭 추천한다. 알싸한 와사비 소스에 단짠단짠 감칠맛 나는 계란말이가 부드러운 빵 사이에 살포시 들어가 있어 마치 일본에 온 듯한 맛을 느낄 수 있다.

서울 감성카페 투어 12

PART 1 홍대·합정·상수·연남·망원 13

라비데마히

02

La Vie Des Maries

라비데마히 La Vie Des Maries

주소 서울 마포구 서교동 336-29
영업 14:00 - 20:00
휴무 매주 월,화요일
Instagram @lvdm_offcial

    휴양지 컨셉의 카페 뒷마당에 가면 마치 발리에 온 듯한 착각이 든다. 라탄 소재의 소품과 가구들로 더욱 이국적인 분위기를 느낄 수 있다. 선선한 날이면 밖에서 마시는 커피도 운치 있다.
    쇼룸을 연상시키는 예쁜 가구들로 꾸며진 카페 안에는 귀여운 강아지와 고양이 친구도 만날 수 있다. 카페 안과 밖이 모두 예뻐서 사진 찍기 좋은 카페다.

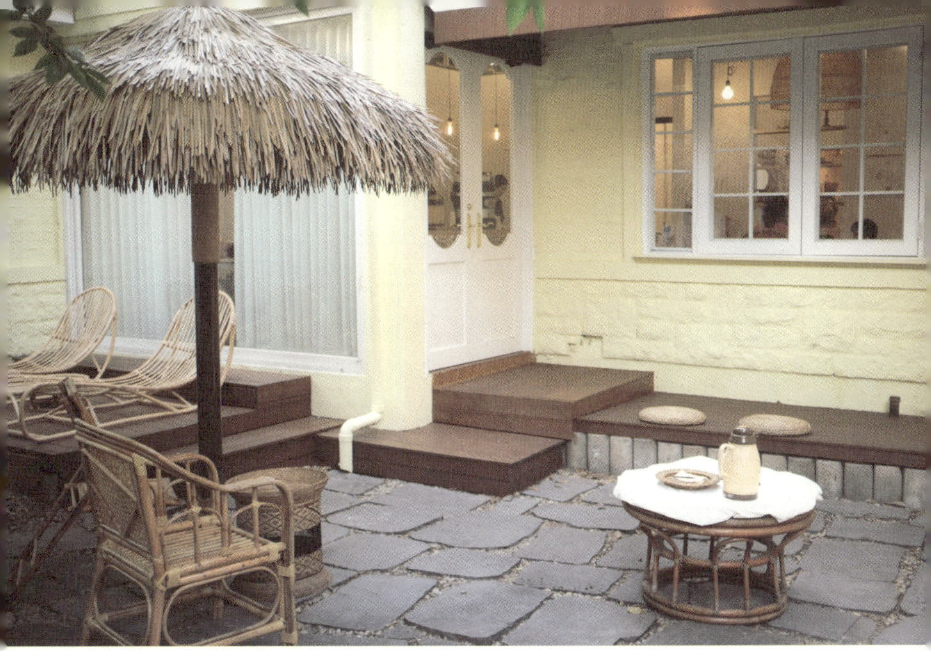

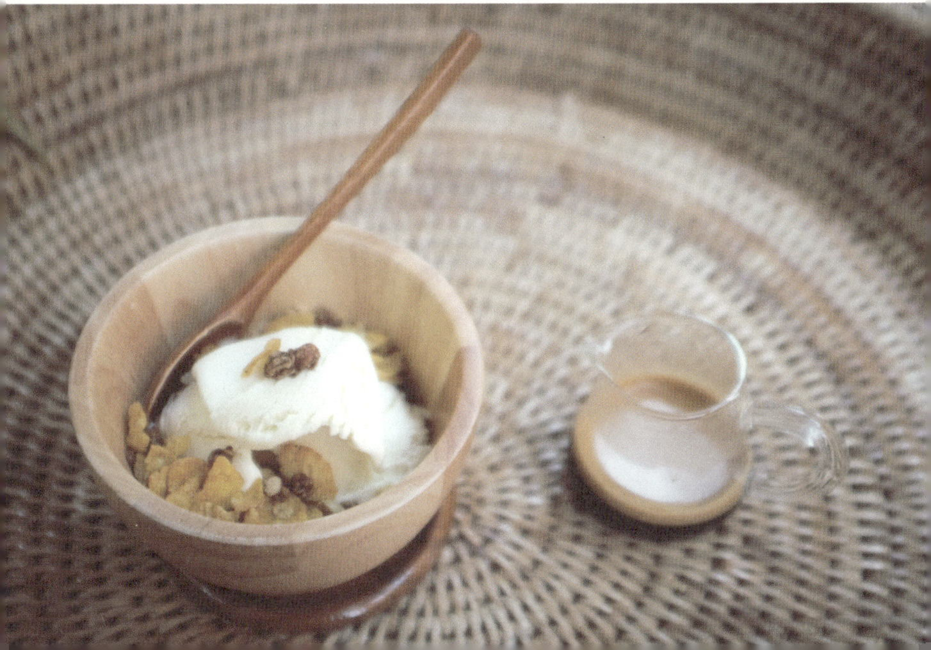

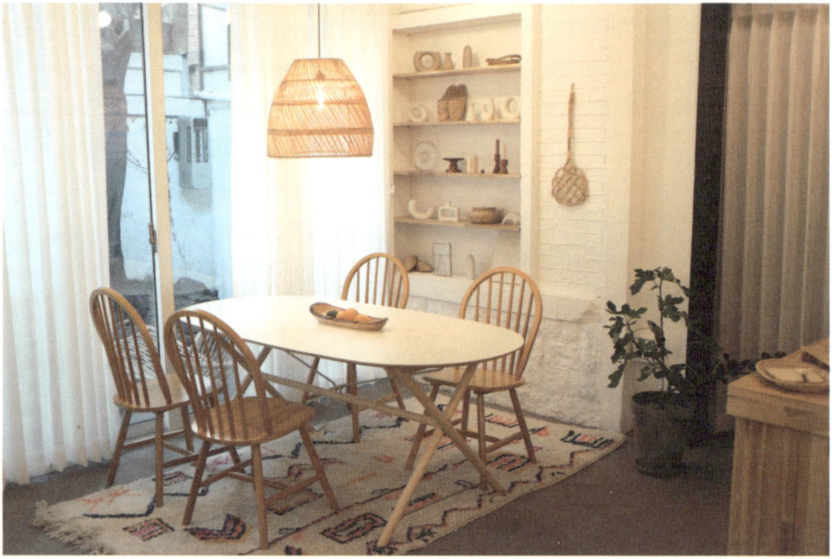

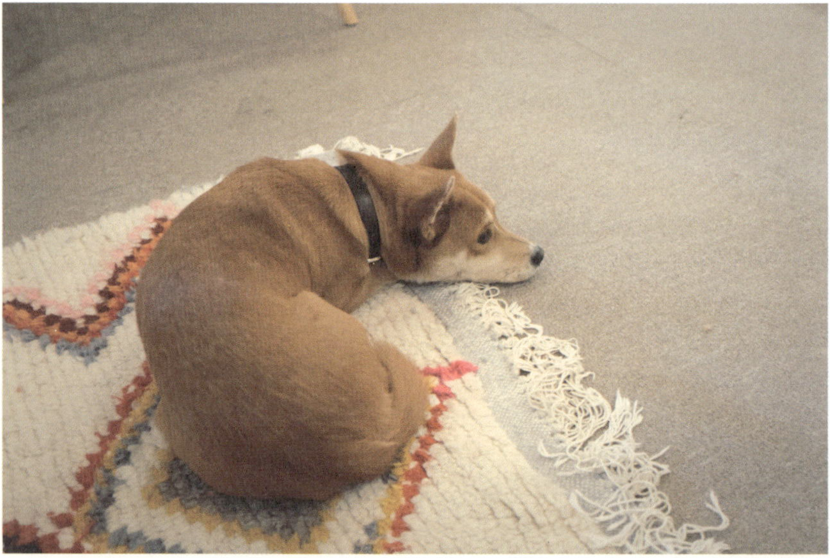

p.m. 4:00 - 6:00

평일 오후 한적한 시간, 잔잔한 음악이 흐르는 카페에서 혼자 마시는 커피를 좋아한다.

우리는 늘 시간이라는 틀에서 하루하루를 살아간다.

출근할 때는 지각하지 않기 위해 수시로 시계를 봐야 하고, 회사에서는 업무에 지쳐 퇴근 시간이 얼마나 남았는지 자꾸 확인하게 된다. 올해 달력이 몇 장이나 남았는지, 올해가 지나면 내 나이가 몇인지 세어 보고 한숨을 쉬게 된다.

하지만 카페에서만큼은 시간이라는 제약에서 벗어날 수 있다.

복잡한 머릿속을 정리하거나 아무 생각 없이 멍을 때려도 괜찮다. 보고 싶었던 책을 천천히 읽고, 사색에 잠겨도 좋다. 시간에 쫓겨 자리를 일어나지 않고 원하는 만큼 오래 머물러 있어도 누구도 재촉하지 않는다.

가끔은 지친 우리 마음에도 단비 같은 휴식을 선물해주자.

테일러 커피

Tailor Coffee

03

TAILOR COFFEE STORE

테일러 커피 Tailor Coffee

주소 서울 마포구 서교동 329-15(서교1호점)
영업 매일 11:30 - 23:00
휴무 없음(설날, 추석 당일 휴무)
Instagram @tailor_coffee

1호점으로 시작해 현재는 홍대에만 5개의 매장이 있을 만큼 많은 사람에게 사랑을 받는 카페다.

그런 카페가 될 수 있었던 가장 큰 이유는 무엇보다 기본이라고 할 수 있는 커피 맛이 훌륭하기 때문이다. 특히 '테일러 커피'의 상징이라고 할 수 있는 '크림모카'는 개인적으로 가장 좋아하는 국내 1등 커피다. '테일러 커피'라는 브랜드를 사람들에게 알릴 수 있었던 대표 메뉴기 때문이다.

이 외에도 다른 카페에서는 잘 볼 수 없는 새로운 메뉴를 항상 개발하고 선보이기 때문에 많은 사람들이 찾을 수밖에 없는 것 같다.

5개 매장의 분위기가 조금씩 달라서 기회가 된다면 모두 가보는 것을 추천한다. 최근에는 가로수길에도 매장을 오픈했다.

아이들모먼츠
Idle Moments

04

아이들모먼츠 Idle Moments

주소 서울 마포구 서교동 467-2 2층
영업 13:00 - 22:00
휴무 매주 화요일
Instagram @idle_moments

혼자만의 시간을 보내고 싶을 때 가면 좋은 카페다.

카페는 아담하지만 다른 손님이 있어도 큰소리가 나지 않고 핸드드립 커피라 커피 머신의 시끄러움도 없다.

이곳의 시그니처 메뉴는 비엔나커피와 푸딩이다. 커피 위에 올려진 크림의 비율이 좋고, 보기만 해도 탱글탱글한 푸딩은 다른 곳에서 쉽게 볼 수 없어서 인기가 좋다.

카페 한쪽 책장 속에 진열된 책들도 볼 수 있다. 머물고 있으면 마음이 편해지는 곳이다.

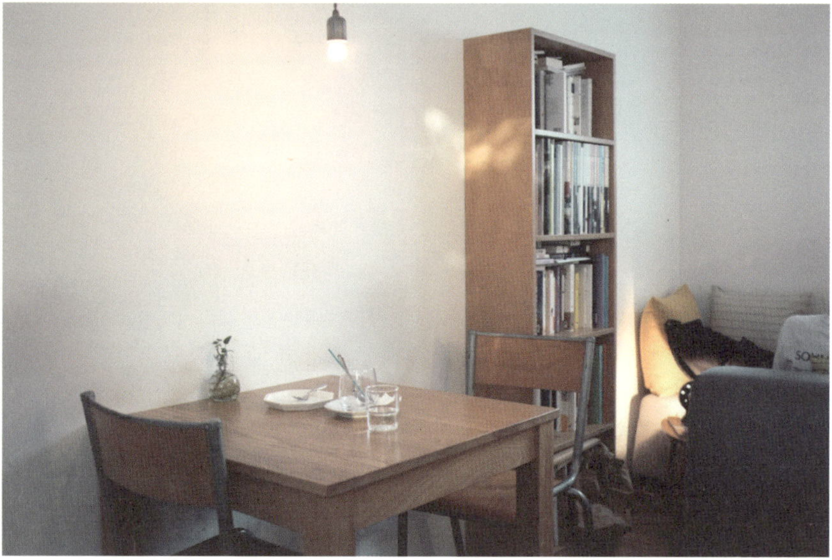

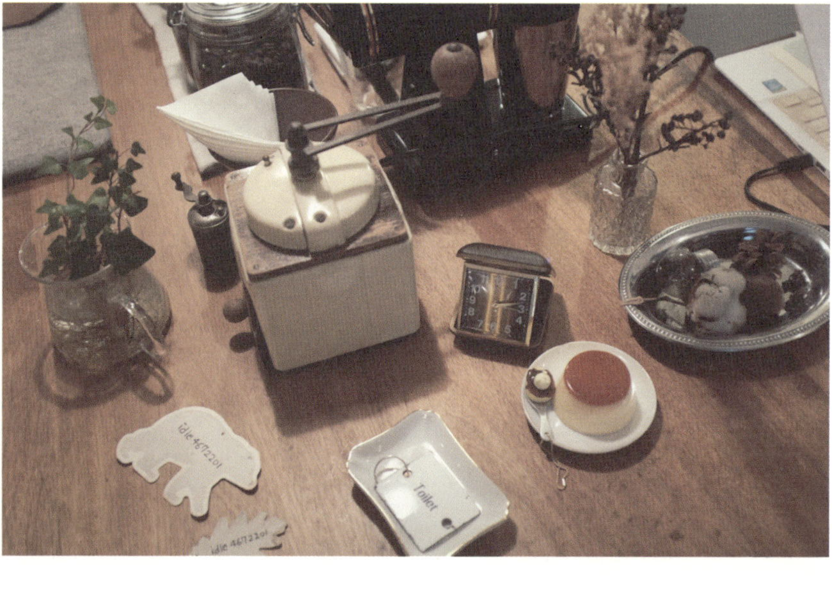

솔직한 사람

밝고 긍정적인 사고로 주변 사람들에게도 좋은 기운을 전달할 수 있는 사람이 되고 싶다. 하지만 현실은 자꾸 반대를 향해 흘러가는 나를 발견하게 된다.

'어차피 출발선이 다른데 노력해서 뭐 해...' 이런 나쁜 생각들이 나도 모르게 자라고 자꾸 부정적인 시선으로 사물을 바라보게 된다. 아무래도 산다는 것이 그리 녹록지 않기에 나의 마음에도 부정적인 영향을 끼치는 것 같다. 그런 생각들이 글로 이어질까 봐 걱정이 많았다.

그렇지만 겉으로 보이는 이미지를 위해 자신을 포장하고 싶지는 않았다.

글을 쓰면서 그렇게 다짐했다.

출판업계도 유행이 있어서 신선했던 우울증을 고백하는 책이 인기를 끌자 비슷한 책들이 우후죽순으로 나오다 보니 지금은 별 감흥이 없다. 그런 책들이 많이 팔린다는 건 그만큼 살기 팍팍하다는 것이기도 하지만, 현대인들이 타인의 불행을 통해서 마음의 위안을 얻는다는 것이 슬프다. 작가가 글 쓰는 과정을 통해 우울증을 극복하게 되었다면 긍정적인 측면이겠지만, 점점 누가 더 불행한지 대결하듯 돈벌이의 수단이 되어가는 것이 씁쓸하다.

트렌드나 유행을 좇지 않고 나만의 색깔이 뚜렷한 책을 만들고 싶었다.

시적인 표현이나 화려한 미사여구가 아니라 부족한 글솜씨로 조금 투박해 보여도 나의 솔직한 마음을 있는 그대로 담기로... 혼자만의 감상에 빠져 허우적대는 모습이 아닌 책을 보는 사람도 공감을 불러일으킬 수 있는...

SNS 속 오그라드는 감성 멘트가 아닌 담백하면서도 진정성을 느낄 수 있는 글을 쓰고 독자에게도 그대로 전달되면 좋겠다.

URBAN PL

about URBAN PLANT

David and Naomi were digital nomads that traveled the world while carrying their laptop. One day they would freely open up their laptop on the beach of LA, and do their planning, and another day they would do design at a cafe in the center of downtown Hong Kong. Wherever they set all around the world, the moment they plug their laptop into an outlet, that space becomes their office.

Urban Plant is a space that came into being for creators like David and Naomi. We hope that in this space, where nature meets the inner city, more creativity can surge and flow and enjoyable projects can be produced. Now and then, this may be a space for creators to work, a space to rest up for their next creation, or it may even be a space in which creators gather and we rehearse the opening of a new project.

어반플랜트

Urban Plant

05

어반플랜트 Urban Plant

주소 서울 마포구 합정동 363-28
영업 매일 10:00 - 23:00
휴무 없음
Instagram @cafe_urbanplant

합정역에서 멀지 않은 곳에 숨겨진 보물 같은 카페다.

카페 입구에서부터 마치 작은 식물원에 온 듯 초록색 식물이 가득하다.

한 층 아래로 내려가면 비밀 아지트 같은 공간이 나오고, 2층으로 올라가면 따스한 햇볕과 시원한 바람을 느낄 수 있는 테라스가 있어서 그날 기분이나 취향에 따라 원하는 자리에 앉을 수 있다. 카페에서는 커피와 음료뿐만 아니라 브런치 메뉴도 다양해 식사도 즐길 수 있다.

카페 규모가 작지 않음에도 구석구석 인테리어에 신경 쓴 모습을 느낄 수 있어 사진 찍기에도 참 좋은 공간이다.

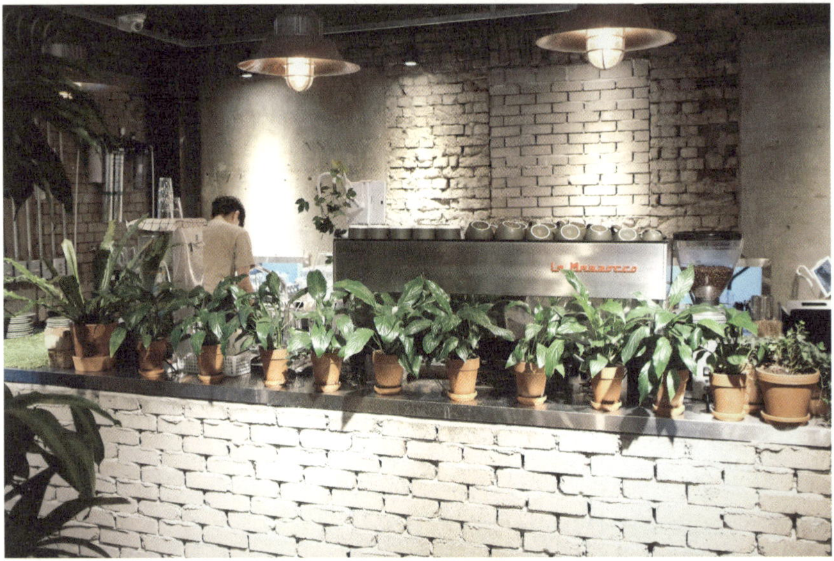

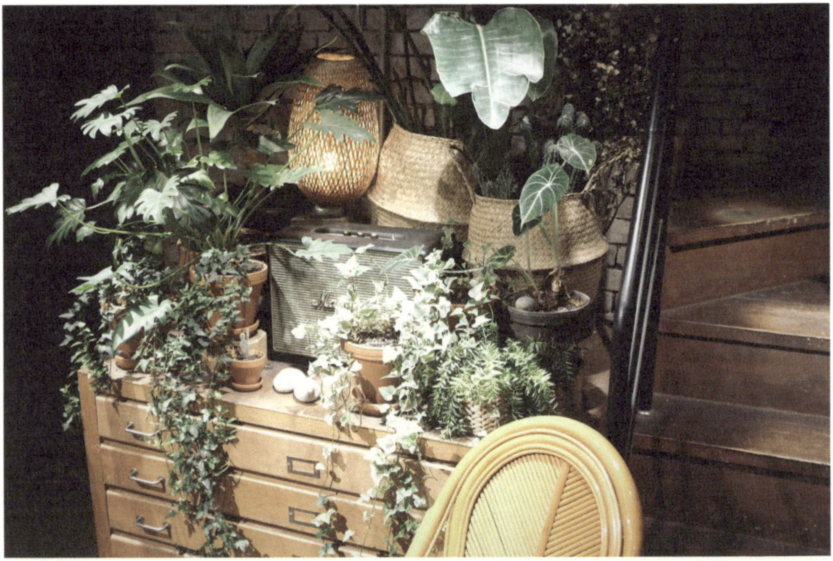

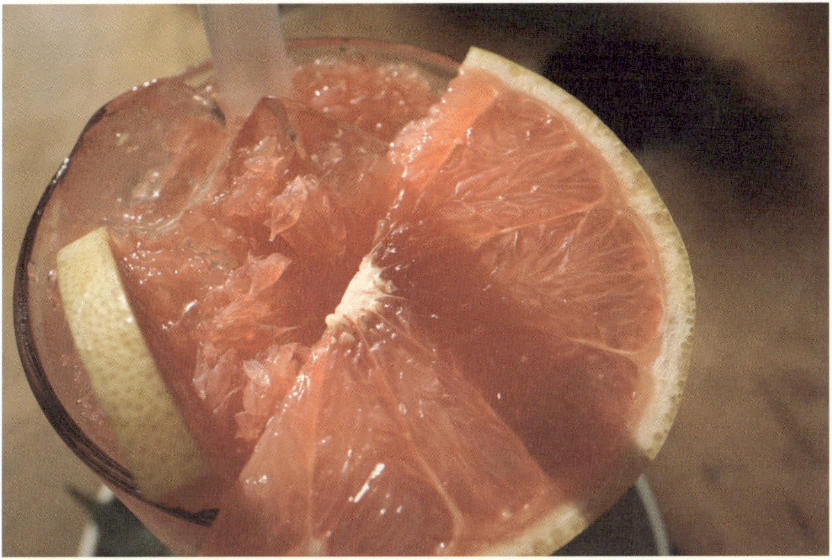

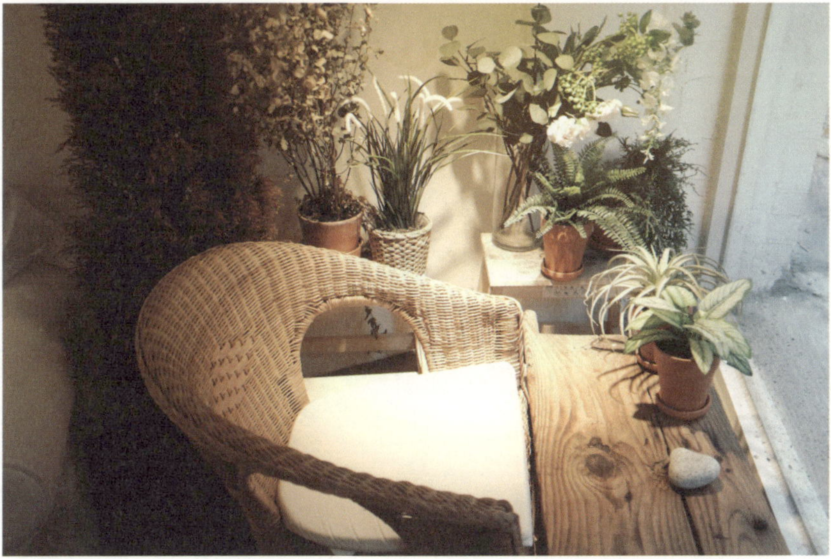

시간의 공기
L" Air Du Temps
06

시간의 공기 L" Air Du Temps

주소 서울 마포구 합정동 354-3
영업 매일 13:00 - 23:00
휴무 없음

이름부터 예사롭지 않은 카페 '시간의 공기'는 상수역 근처에 있다.

비밀의 공간이 있을 것 같은 커다란 나무로 된 출입문을 열면 차분하고 포근한 분위기를 느낄 수 있다.

밀크티도 유명하지만, 비엔나커피와 티라미수가 아주 맛있다.

혼자 유럽여행을 가기 전 이곳에서 커피를 마시며 여행 계획을 세웠던 곳이라 더욱 기억에 남는 카페이다.

일단 부딪쳐보기

퇴사 후 유럽여행을 가기 전 여행에 대한 설렘도 있었지만, 고민과 걱정도 적지 않았다. 자칭 혼자 놀기의 달인이기는 하지만 유럽이라는 먼 곳으로 홀로 떠난다는 게 겁이 나기도 했다. 처음 도전하는 경험이기에 더 그랬다.

영어라고는 'Hello, Thank you, Excuse me' 정도만 아는 게 전부였고 관광객을 상대로 한 소매치기도 극성이라고 했다. 그래서 처음엔 패키지여행을 갈까도 고민했지만 아무리 생각해도 내가 원하는 여행과는 다른 부분이 많아서 결국 자유여행을 선택했다.

용기를 내어 여행의 첫발을 내디뎠지만 시행착오도 많았다. 파리에서 스위스로 가는 기차를 놓칠뻔한 순간에는 멘붕이 오기도 했다. 그렇지만 영어는 번역기 어플의 도움을 받고, 혼자라 소매치기도 더욱 조심해서 다니다 보니 생각보다 그리 어렵진 않았다.

오히려 시간이 지날수록 자유여행 하기를 참 잘했다는 생각이 들었고, 여행 막바지 즈음엔 지도를 보지 않고도 길을 걸을 만큼 한결 여유가 생겼다.

그 지역과 문화에 익숙해질 즈음 다시 일상으로 돌아가야 하기에 여행이란 게 더 아쉽고 여운이 남는 것 같다.

남들처럼 몇 달, 몇 년을 투자한 여행은 아니었지만 처음 혼자서 떠난 유럽여행은 내 인생에서 정말 의미 있는 시간이었다. 모든 것을 혼자 이겨내보고 싶어 동행도 일부러 구하지 않았다. 여행하는 동안 멋진 유적지를 직접 보는 것도 황홀한 경험이었지만 무엇보다 나 자신과 대화하며 되돌아보는 시간이 참 소중했다.

여행을 통해 얻은 한 가지는 일단 부딪쳐보는 거였다. 여행에 대한 두려움에 떠나지 않았다면, 분명 여행하면서 느꼈던 수많은 감정과 경험들을 알지 못했을 것이다.

'아무것도 하지 않으면 아무 일도 일어나지 않는다'는 말처럼 무슨 일이든 일단 부딪쳐보면 그 속에서 아주 작은 것이라도 어떤 소득이 있을 것이다.

나이가 들수록 새로운 관계를 맺거나 낯선 경험을 하는 것에 주저하게 되는데 그럴수록 일단 부딪쳐보는 용기가 필요한 것 같다.

빔밤
Beambalm

07

빔밤 Beambalm

주소 서울 마포구 상수동 333-1 2층
영업 12:00 - 22:00
휴무 매주 월요일
Instagram @beambalm_

카페에 처음 들어서면 감탄사가 나올 만큼 내부를 예쁘게 꾸며놓았다.

빛이 잘 들어오는 하얀 커튼과 원목 가구의 조화가 포근한 느낌을 준다.

넓게 확 트여있는 공간이 시원하고 어느 자리에 앉아도 카페의 예쁜 공간을 즐길 수 있다.

특히 빔프로젝터를 이용해 한쪽 벽면 크게 근사한 배경 화면을 만들어주면 카메라를 꺼낼 수밖에 없는 훌륭한 포토존이 된다.

요즘 말하는 인스타 감성 사진을 찍기 위해 인기 있는 카페다.

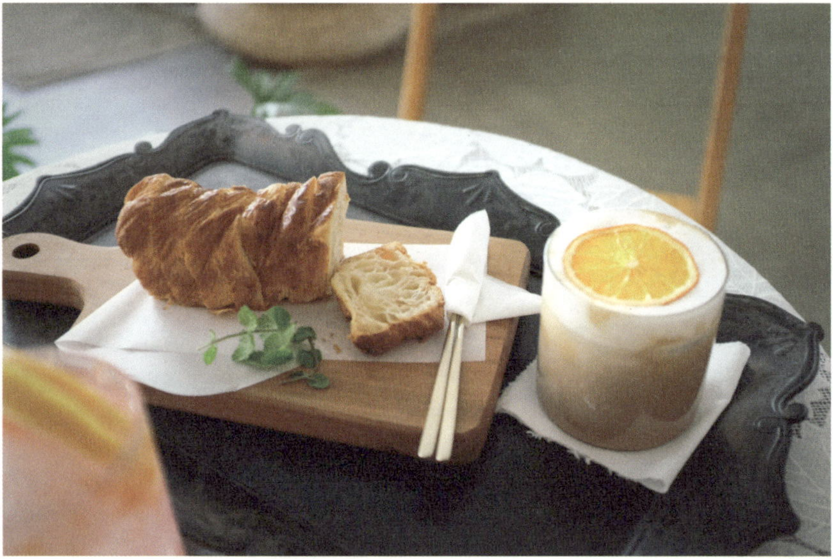

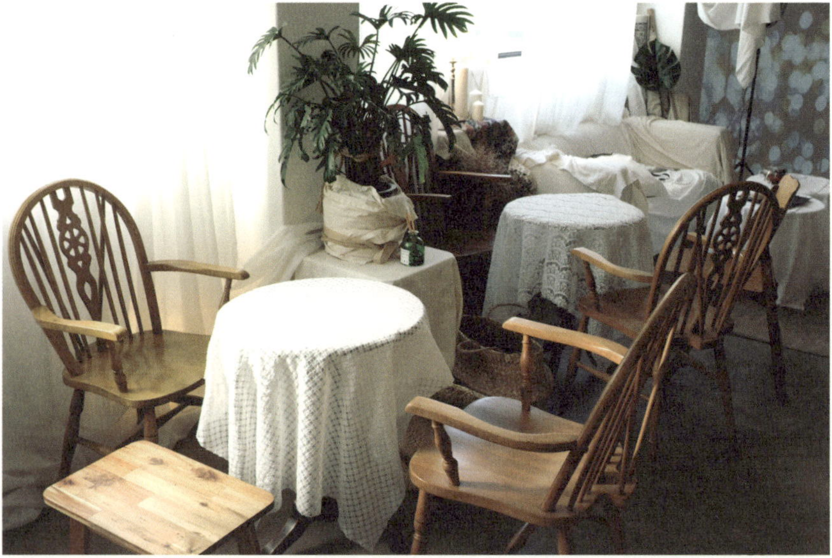

PART 1 홍대·합정·상수·연남·망원 47

블뤼테 Blute

주소 서울 마포구 상수동 86-10
영업 11:00 - 22:00
휴무 매주 월요일
Instagram @cafe_blute

　이곳의 첫인상은 서울에 이런 카페가 있나 싶을 만큼 도심 속 비밀의 숲에 들어온 느낌이다.

　카페 입구의 커다란 나무부터 카페 외벽을 둘러싼 담쟁이덩굴, 실내의 초록초록한 식물들로 몸과 마음이 정화되는 기분이 든다.

　이국적인 풍경의 테라스는 잠시나마 유럽에 온 듯한 착각이 들게끔 하고 숲속 요정이 나올 것 같은 별채 또한 그냥 지나칠 수 없는 포토존이다.

　삭막한 도시에 숨이 막혀 울창한 숲이 그리울 때 멀리 가지 않고도 충분히 마음을 치유하는 시간을 가질 수 있는 카페다.

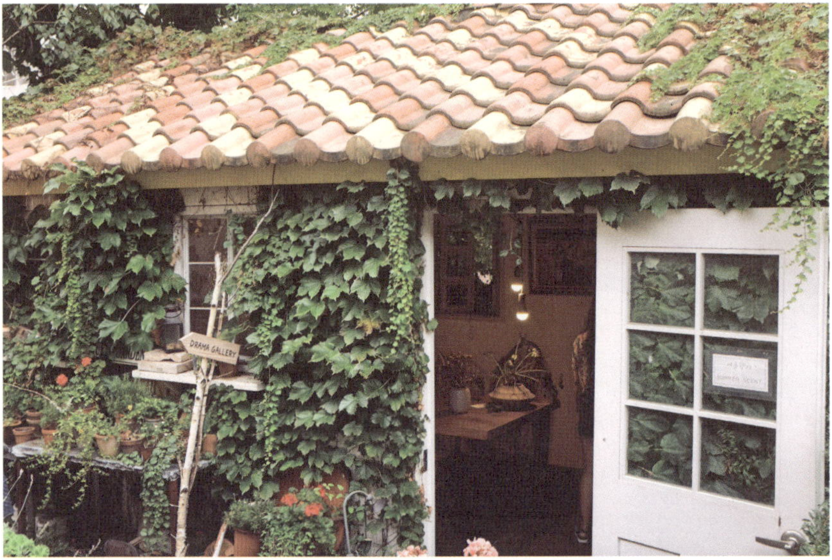
DRAMA GALLERY

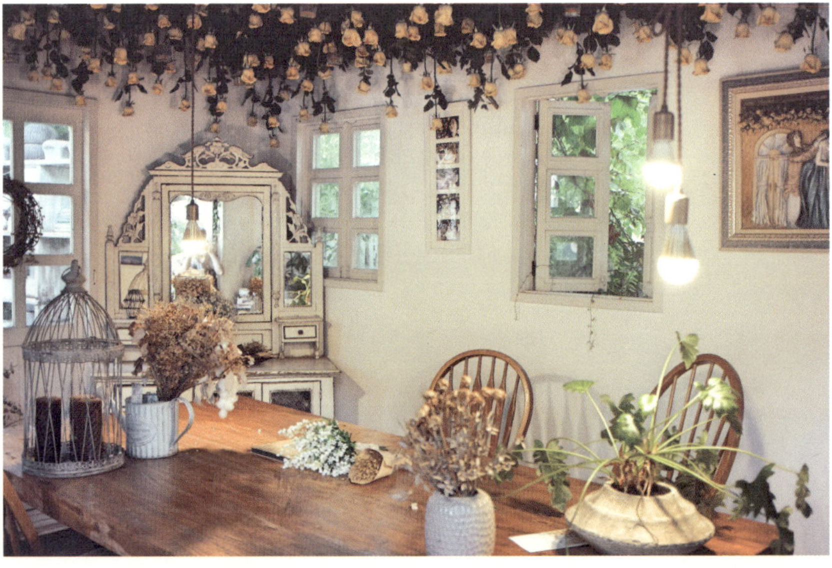

커밍아웃

밝히기 어려웠지만...

네, 맞습니다.
사실 저 관종입니다.
제 인스타그램과 블로그에는 책에 없는 더 많은 카페 정보들과 여행 사진도 있으니 팔로우 및 이웃추가해주세요. 소통해요 우리 :)

인스타그램 : @sensitivity_snap
블로그 : blog.naver.com/prodo7

관종의 고백이었습니다.

카페 하이웨스트

Cafe Highwaist

09

카페 하이웨스트 Cafe Highwaist

주소 서울 마포구 연남동 223-80
영업 11:30 - 21:00
휴무 매주 일요일, 매달 마지막주 월요일

미국의 가정집을 연상시키는 인테리어와 다양한 디저트 천국인 이곳은 특히 여성들에게 인기가 많다.

카페 한쪽에 판매하는 디저트를 예쁘게 전시해 놓은 공간은 보기만 해도 기분 좋은 파티에 초대된 것 같다.

먹기 아까울 만큼 귀여운 동물 모양의 쿠키도 인기가 많다.

카페의 빈티지한 취향 저격 소품들을 보고 있으면 시간 가는 줄 모르고 빠져들게 된다.

Ryogle Cookies
5.0

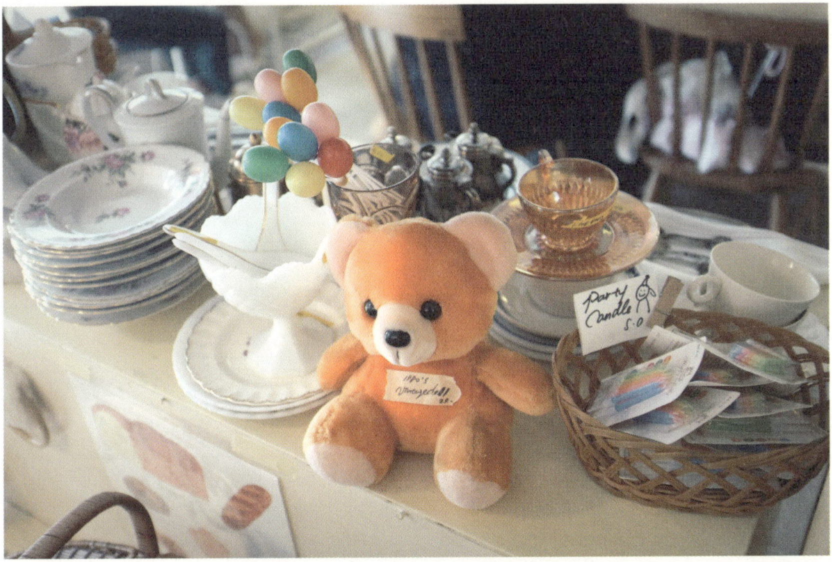
Party candle

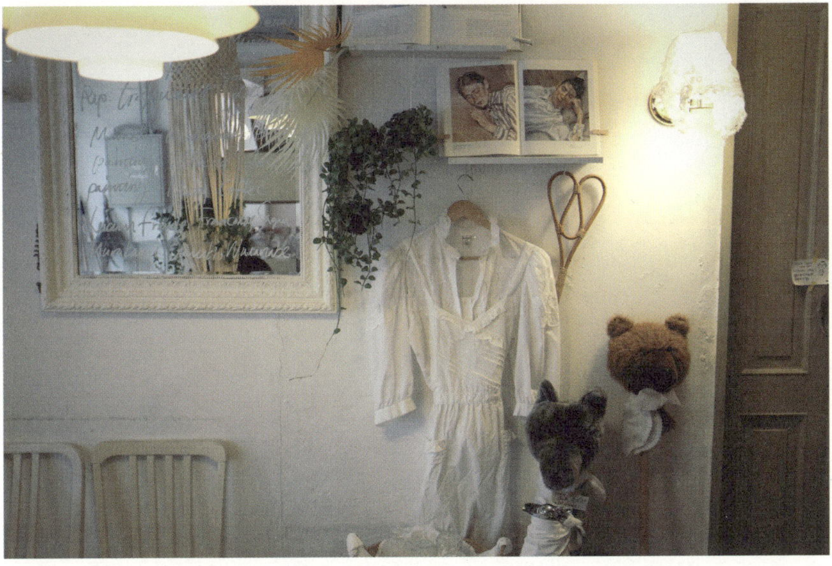

호텔 어라운드

Hotel Around

10

호텔 어라운드 Hotel Around

주소 서울 마포구 연남동 223-68
영업 수,목,금요일 14:00 -18:00 토,일요일 12:00 -20:00
휴무 매주 월,화요일
Instagram @hotel_around

매거진 'AROUND'에서 운영하는 카페

회사에서 운영하는 카페다 보니 일반 카페와는 운영시간이 달라서 방문 전에 잘 알아보고 가는 편이 좋다.

카페에서 어라운드 매거진이나 굿즈 등을 구경하고 구입할 수 있다.

카페 이름대로 고급스러운 호텔 라운지에 온 듯한 기분을 느낄 수 있다.

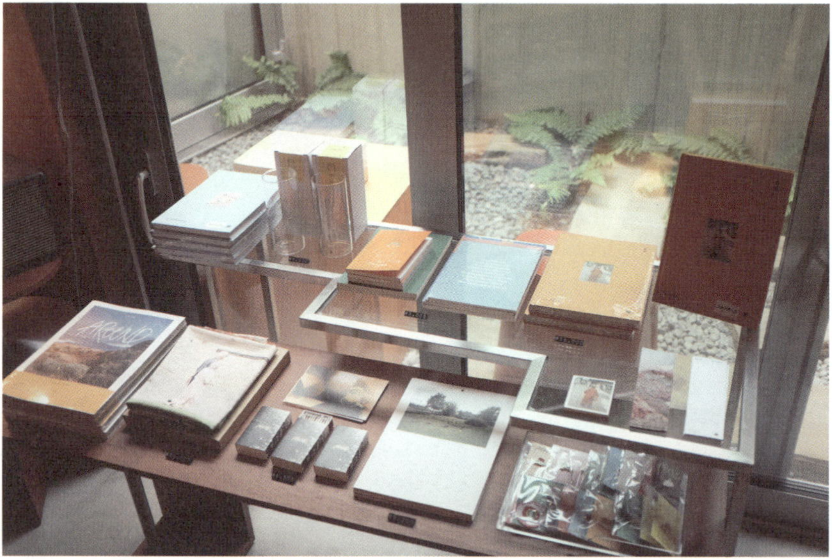
AROUND

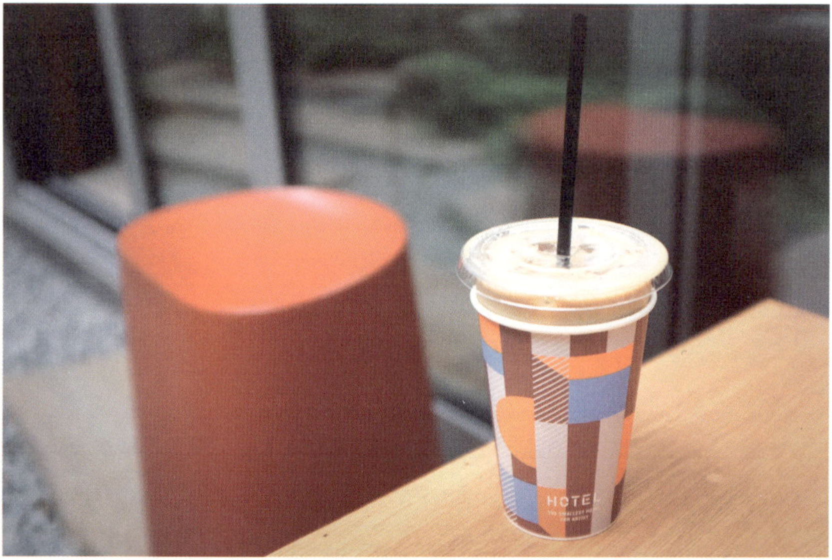
HOTEL

현실과의 괴리감

　서점에 여행 에세이가 넘쳐난다.

　예전엔 유명한 여행작가만 그런 책을 출판할 수 있었다면 요즘은 평범한 사람들도 여행을 다녀온 후 너도나도 책을 만들어 선보인다. 그만큼 여행이 보편화되고 쉽게 떠날 수 있는 환경이 되었다.

　나 역시 여행과 사진에 관심이 많다 보니 자연스레 그런 여행책에 눈길이 가면서도 동시에 어떤 괴리감 비슷한 감정을 느낀다.

　항상 더 늦기 전에 훌훌 털고 떠나라고 하지만 현실에서도 그렇게 쉽게 떠날 수 있는 사람이 과연 얼마나 될까...

　틀에 박힌 사회 구성원에서 벗어나고 싶어 자유를 찾아 떠난 그들을 보면 참 용기 있고 멋있어 보인다. 하지만 일상으로 돌아온 뒤에는 다시 여행을 통해 먹고살기 위해 그들 사이에서 서로 보이지 않는 시기와 경쟁을 하는 모습을 보면서 결국 진정한 자유는 없는 것 같다는 생각이 들기도 한다.

　그저 부러운 마음에 나의 치기 어린 생각일 수도 있다. 하지만 그들을 너무 선망의 대상으로 바라볼 필요도 없다. SNS 속 사람들의 자유롭고 행복한 모습들은 실제 현실과는 매우 다르니까...

알로하 제니 Aloha Jenny

주소 서울 마포구 동교동 197-34
영업 평일 12:00 - 21:30 주말 13:00 - 21:30
휴무 매주 수요일
Instagram @aloha_jenny_queen

  무더운 여름 잠시 하와이로 휴가를 떠나고 싶다면 '알로하 제니'에 가면 된다. 야자수와 커다란 서프보드로 가득한 카페에 들어서면 비행기를 타지 않고도 하와이에 온 듯한 기분을 느낄 수 있다.

  거기에 화려한 비주얼을 자랑하는 '젤리 슬러시' 한 잔이면 더위를 한 방에 물리칠 수 있다.

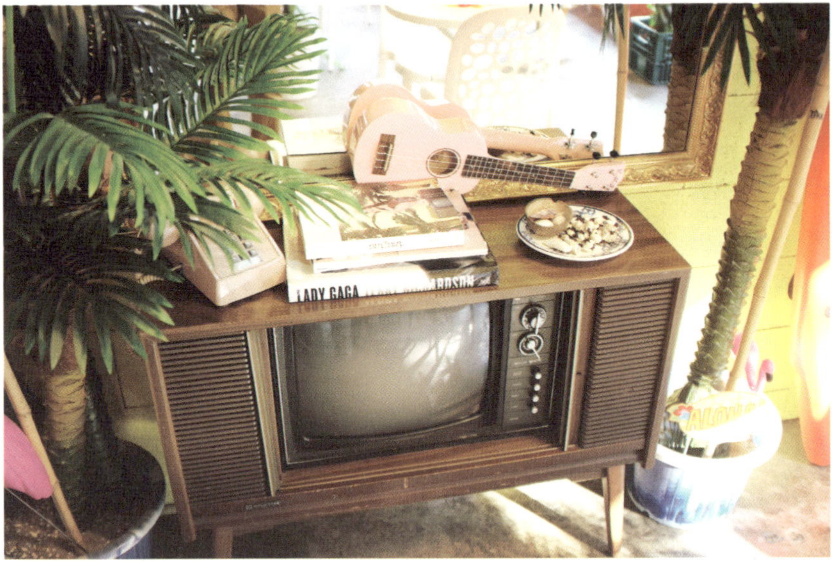
LADY GAGA

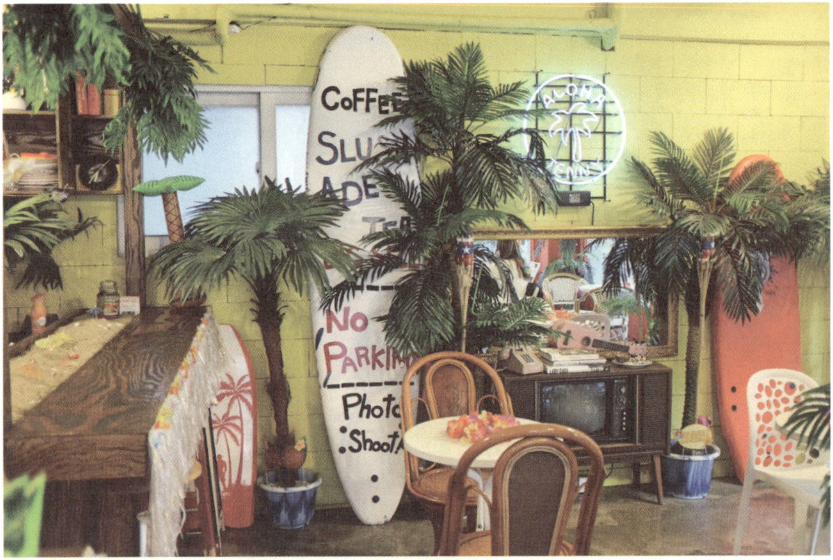

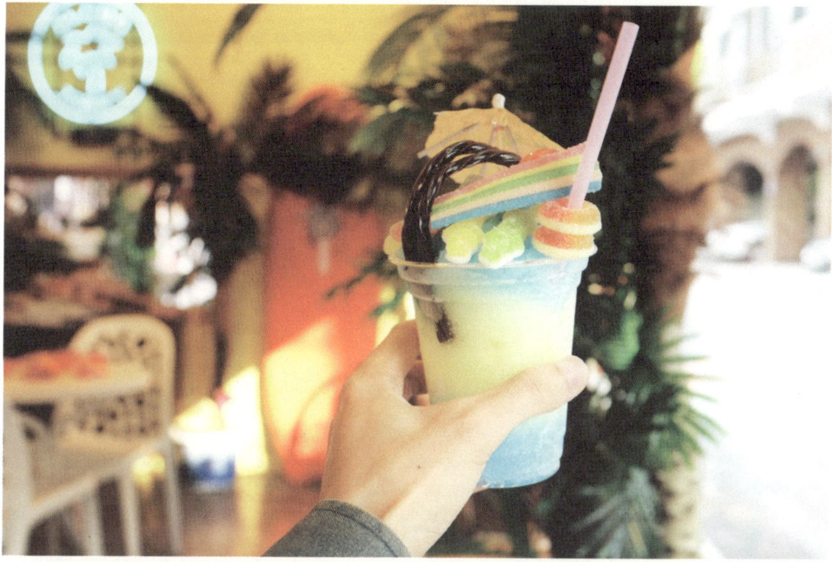

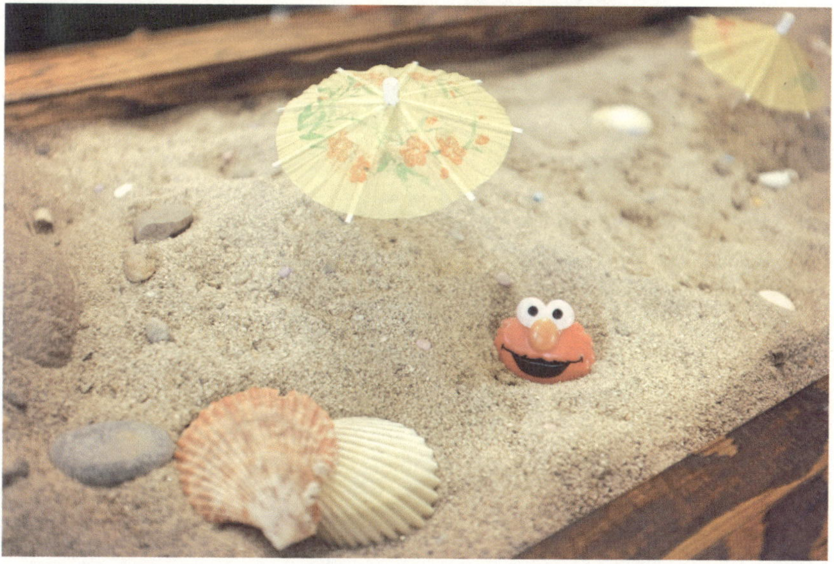

연남방앗간   12

연남방앗간

주소 서울 마포구 연남동 257-22
영업 평일 12:00 - 21:00 주말 12:00 - 22:00
휴무 매주 월요일
Instagram @yeonnambangagan

참기름 파는 카페로 유명한 '연남방앗간'은 카페뿐 아니라 전시, 대관 등 복합 문화공간을 제공한다.

식음료 기반의 동네 경험 공간으로 재해석한 방앗간에서 지역장인, 소상공인, 창작자의 콘텐츠를 중심으로 동네를 기록하며 지역과 소통한다.

대표 메뉴인 참깨라떼를 비롯해 다양한 차 종류와 꿀과 참기름 등을 직접 구매할 수 있다.

시골에 있는 할머니 댁에 방문한 듯한 정겨운 느낌의 카페에서 잠시 옛 추억에 잠기는 시간도 좋을 것 같다.

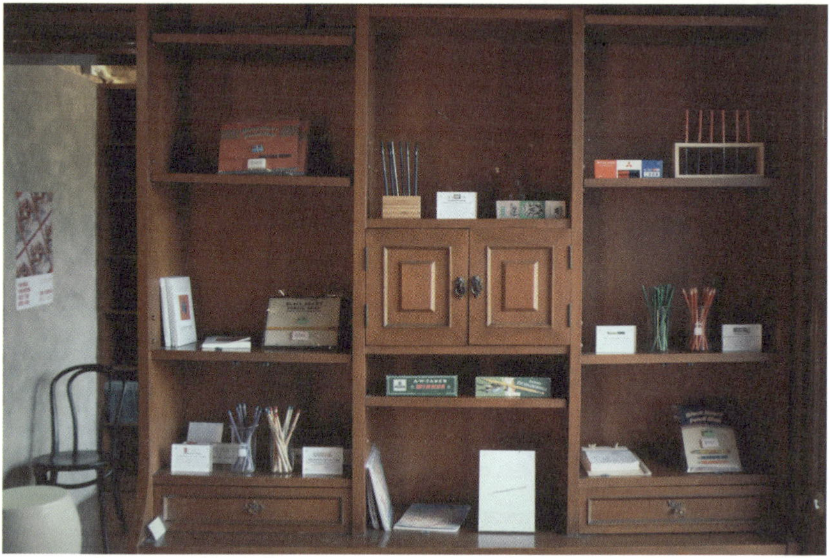

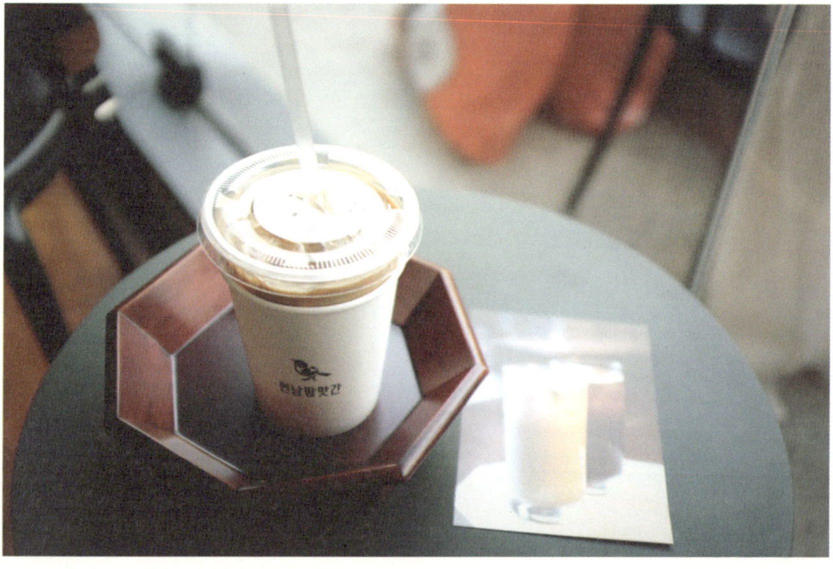

다시 사랑할 수 있을까?

유통기한이 없는 사랑이 있을까?

처음엔 누구보다 서로를 아끼고 사랑하던 연인도 이별 앞에서는 상대를 원망하고 지울 수 없는 상처를 남긴다.

남들만큼 연애를 많이 해보지 못하고, 나와 맞는 인연을 아직 만나지 못한 걸 수도 있겠지만 사랑의 끝은 너무도 아프기에 다시 또 시작하기가 두렵다.

유통기한이 없는 영원한 사랑은 그저 영화나 환상 속에서나 존재하는 것일까...

종이다방 13

종이다방

주소 서울 마포구 망원동 415-34 2층
영업 12:00 - 22:00
휴무 매주 화요일
Instagram @_papercompany

망원동에 있는 카페로 간판이 없기 때문에 처음 찾아간다면 지도를 잘 확인해야 한다.

조용한 카페를 컨셉으로 오픈했기 때문에 친구와 큰소리로 대화하기는 힘들 수 있다. 하지만 그런 분위기 덕분에 입소문을 타 단골손님이 많은 카페이기도 하다.

혼자서 조용히 책을 읽거나 여행 계획을 세우기 좋은 공간이다.

대표 메뉴인 종이라떼는 중독성이 강해서 한 번 맛을 보면 이곳을 다시 찾게 만든다.

카페 인스타그램 계정을 팔로우하면 가끔 진행하는 심야 종이다방의 정보를 얻을 수 있다.

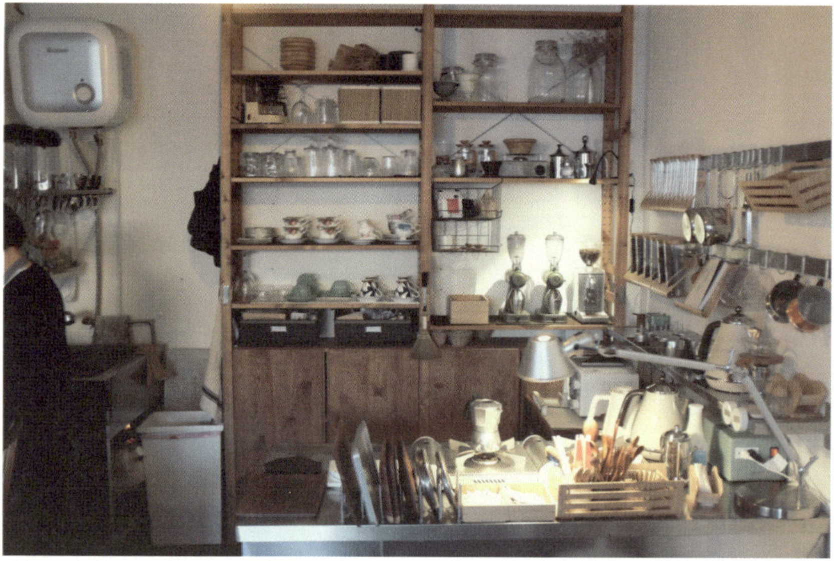

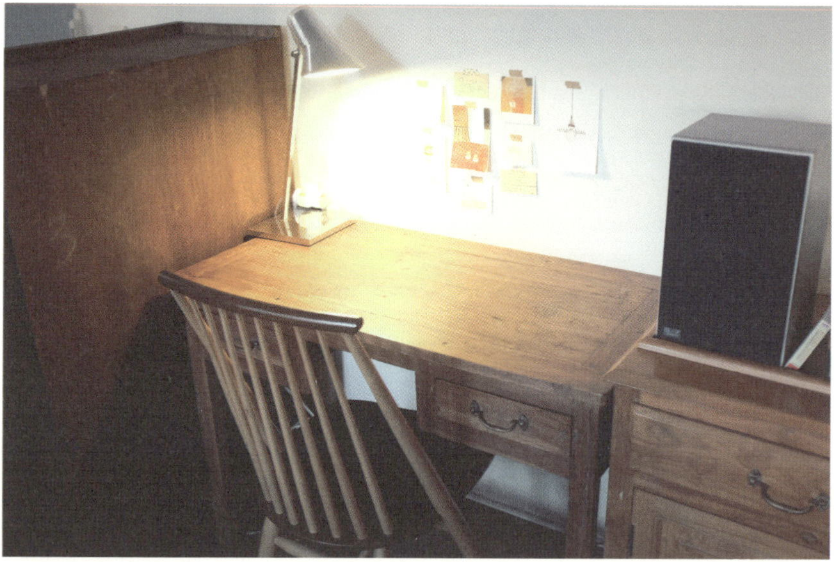

PART 1 홍대·합정·상수·연남·망원 81

로지핀치
Rozy Finch

14

로지핀치 Rozy Finch

주소 서울 마포구 망원동 395-15
영업 12:00 - 20:00
휴무 매주 화,수요일
Instagram @rozyfinch

　작은 가정집을 개조해 만든 카페는, 마치 내 집에 온 듯 자연스레 마음도 편안해진다.

　작은 공간이지만 맛있고 다양한 토스트를 맛볼 수 있고 토스트 메뉴는 계절에 따라 바뀌기도 한다. 프렌치 토스트의 부드럽고 촉촉한 식감은 자연스레 기분 좋은 미소를 짓게 한다.

　아늑하고 편안한 공간에서 맛있는 토스트를 먹고 있으면 카페에서 오래도록 머물고 싶어진다.

ROZY
FINCH

POEUNRO 71-5

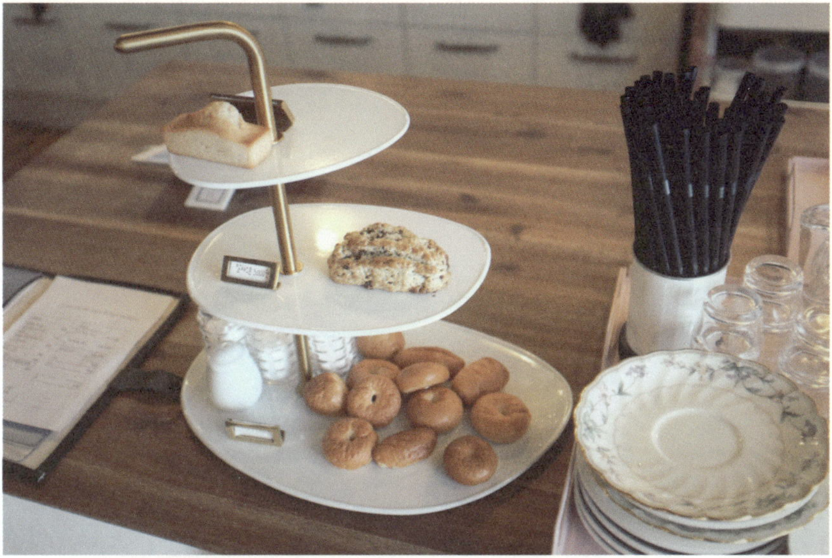

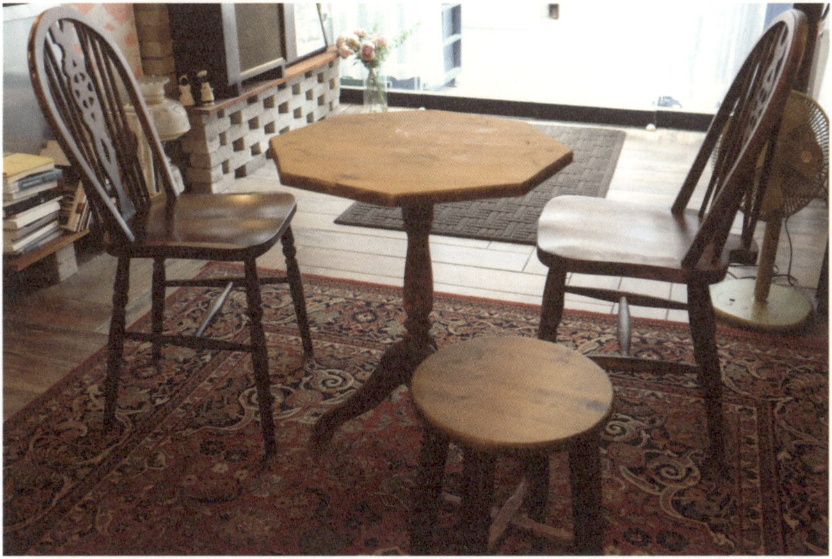

사랑, 참 부질없는 감정

1년을 넘게 만났던 그녀는 나와 헤어지고 한 달이 되지 않아 새로운 사람을 만난다고 했다.

솔직히 처음엔 잘 이해가 되지 않았다. 이별 후 누군가 새로운 사람을 마음에 들어오게 하려면 옛사람을 먼저 보내는 시간이 필요하지 않을까... 보통은 만나온 기간의 반 이상은 지나야 마음이 정리된다고 하는데... 그렇게 쉽고 빠르게 할 수 있는 일일까 내 상식으로는 도저히 이해되지 않았다.

하지만 그건 내 생각일 뿐이었고, 그녀는 원래 그런 사람이었다.

누구나 생각과 가치관이 다르니 헤어진 후 일주일이든 보름이든 누구를 만나도 내가 관여할 바는 아니다. 하지만 1년을 넘게 만나온 나에게 술에 취한 채 전화해 이제 만난 지 한 달도 안 된 사람을 자랑하는 건 좀 아니었던 거 같다.

그녀와 교제하는 동안 그녀의 SNS에서 나의 흔적은 결코 찾을 수 없었다.

현실 속 남자친구보다 SNS 속 만난 적도 없는 사람들의 눈이 더 중요했던 너니까...

그런데 만나자마자 사진으로 등장한 그녀의 새로운 사람은 그녀 계정에 사진을 올리지 않으면 삐진다고 내게 말했다.

그 말을 듣는 순간 나는 사랑이란 감정이 정말 부질없음을 느끼게 되었다.

한 달 전만 해도 나를 향해 속삭이던 그 사랑이란 단어가 그녀에겐 그렇게 깃털처럼 가벼울 수 있는지... 역시 사람은 직접 겪어봐야 본모습을 알게 된다는 것도 그녀를 통해 알게 되었다.

남녀가 만나다 헤어질 수도 있는 일이지만 어떤 관계든 시작보다 마무리가 더 중요하다고 믿는다.

그녀가 블로그에 사랑이 어쩌고저쩌고 세상 누구보다 생각 깊은 척 글을 쓰는 이유는 그렇게 가상의 또 다른 분신이라도 만들어야 그래도 난 괜찮은 사람이라고 스스로 위안을 얻기 위해서겠지만, 아무리 좋은 사람인 척 포장하고 가면 뒤에 숨어도 결코 사람은 쉽게 변하지 않고 인성은 결국 드러나게 돼 있다.

나에게 이런 글이 자기 얼굴에 침 뱉기라 해도 우연히 이 책을 보게 된다면 꼭 말해주고 싶다.

아무리 끝난 사랑이라도 나에게 참 못되고 예의 없었다고...

그래서 좋은 추억마저 모두 퇴색해 버렸다고...

왓코
Watco
15

왓코 Watco

주소 서울 마포구 신수동 81-15
영업 매일 11:00 - 22:00
휴무 없음

서강대 앞에 있는 카페로 심플하면서도 고급스러운 인테리어가 돋보인다.
봄에 잘 맞춰 방문하면 카페 앞마당에 있는 커다란 나무에 하얗고 풍성하게 핀 목련이 장관을 이룬다.
차분한 분위기의 실내에서 시간을 보내는 것도 괜찮지만 날씨가 좋다면 테이블과 의자가 준비된 밖에서 즐기는 것을 추천한다.
카페 바로 옆에 있는 쇼룸에서는 왓코 슈즈몰의 신발이 전시되어 있어 쇼핑도 할 수 있다.

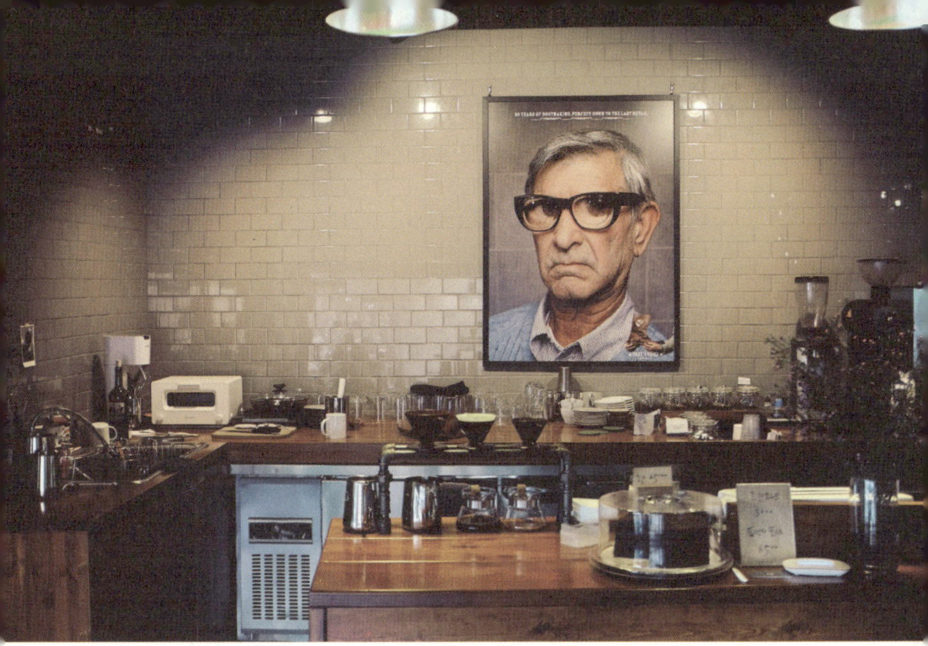

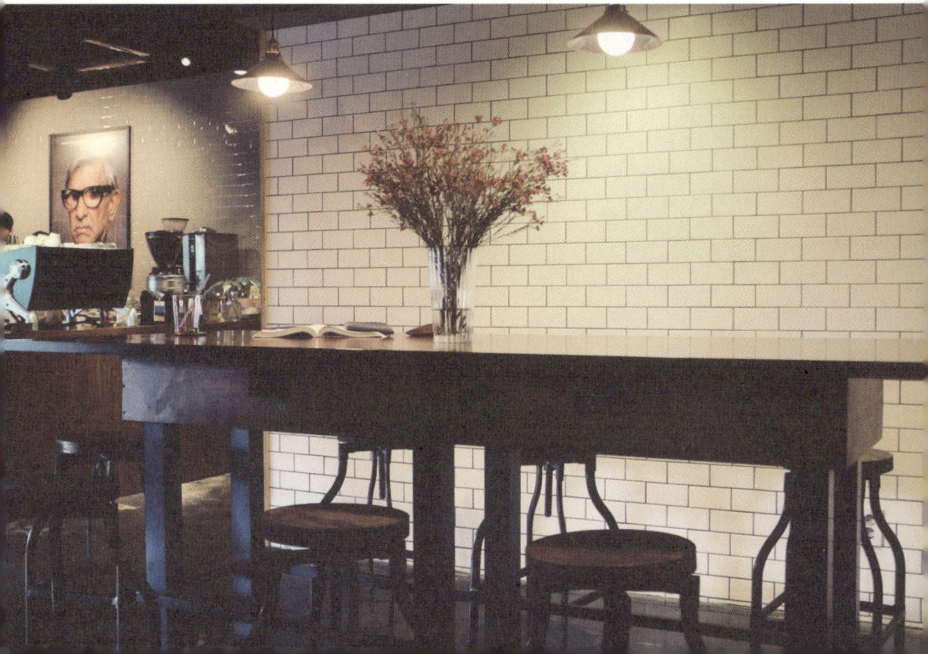

프릳츠 커피 컴퍼니 Fritz Coffee Company

주소 서울 마포구 도화동 179-9(도화점)
영업 평일 08:00 - 23:00 주말 10:00 - 23:00
휴무 없음
Instagram @fritzcoffeecompany

 귀여운 물개가 마스코트인 '프릳츠'는 커피와 베이커리 모두 기본에 충실한 카페로 역시 사람들에게 인기가 좋은 곳이다.
 공덕역 부근의 도화점을 시작으로 원서점과 양재점이 있다.
 개인적으로 한옥 카페를 좋아하는데 한옥의 멋을 살린 채 앤티크한 인테리어가 조화롭다.
 이곳의 장점은 다양한 베이커리를 맛볼 수 있다는 점인데 인기 메뉴인 소시지 빵은 다른 곳과는 차원이 다른 풍미를 느낄 수 있다.

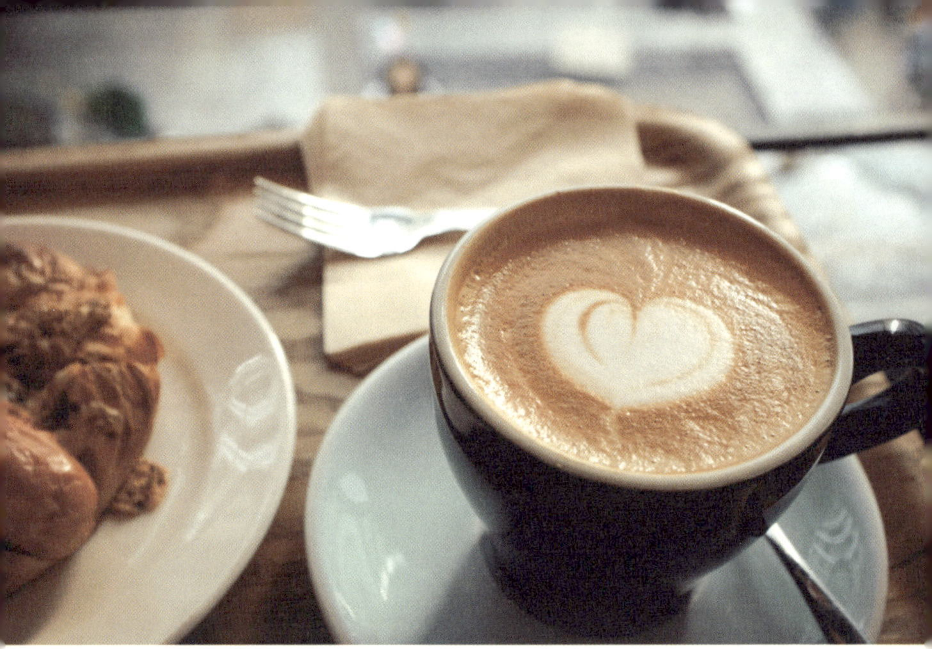

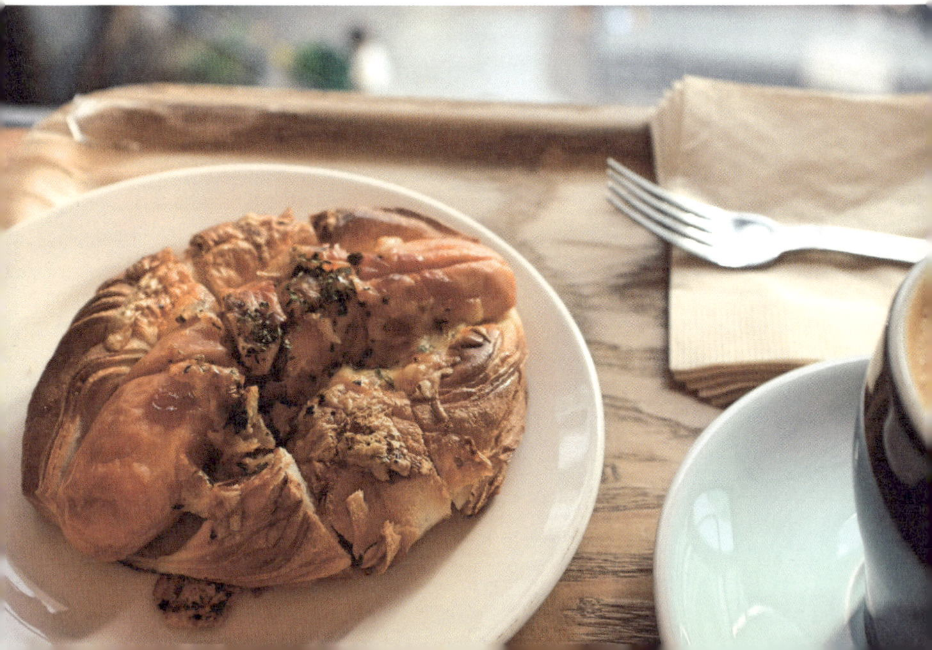

혼자 떠나는 여행

낯선 땅에 발을 디딜 때 코끝을 스치는 공기와 약간의 긴장감이 좋다.

아름다운 풍경과 맛있는 음식을 공유할 수 있는 동행이 있는 것도 좋지만, 혼자 떠나는 것이야말로 진정한 의미의 여행이 아닐까 싶다. 혼자서 여행할 때는 홀로 걷고 싶으면 걷고, 쉬고 싶으면 쉬며 그저 내 몸과 마음이 이끄는 대로 움직이면 된다.

동행이 있다면 미처 생각하지 못한 난감한 상황이 발생했을 때, 나도 모르게 의지하게 되지만 그렇지 않다면 모든 걸 스스로 해결해야 한다. 그리고 선택에 뒤따르는 책임 역시 내가 감내해야 한다.

하지만 그런 과정에서 평소 볼 수 없었던 새로운 나를 발견할 때도 있고 여행에서 돌아왔을 때 한 단계 성장한 기분도 느낄 수 있다.

인생이 뜻대로 흘러가지 않듯 여행도 처음 세웠던 계획대로 흘러가기란 쉽지 않다. 하지만 그것 역시 여행의 일부이고 돌이켜 보면 기억에 더 오래 남기도 한다. 기차를 잘못 타서 원래 계획했던 목적지와 반대로 향하게 됐지만 생각지도 않은 보물 같은 장소를 발견하는 행운을 잡는 일처럼...

때로는 낯선 이의 불친절함에 사람을 경계하다가도 예상치 못한 호의와 작은 미소 하나로 마음이 따스해지기도 한다.

그래서 어찌 보면 여행은 인생의 축소판이라고 할 수 있다.

무엇보다 내가 혼자 여행을 떠나는 가장 큰 이유는 철저히 혼자가 되었을 때야 비로소 나 자신과 온전히 대화할 수 있기 때문이다.

PART 2
가로수길·압구정·잠실

애틱쏠트
Attic Salt

17

애틱쏠트 Attic Salt

주소 서울 강남구 신사동 661-13 4층
영업 화-토요일 12:00 - 18:00
휴무 매주 일,월요일
Instagram @atticsalt.seoul

사실 이곳은 다른 사람들에게 알리지 않고 나만 알고 싶을 만큼 좋아하는 카페다. 취향 차이는 있겠지만 그동안 내가 다녀 본 수많은 카페 중에서도 가장 예쁜 공간이다.

마카롱 전문 카페답게 다양한 종류의 마카롱이 있는데 맛 또한 훌륭해서 한가지 마카롱을 먹게 되면 다른 맛의 마카롱들도 전부 맛보고 싶어진다.

원목 가구와 식물의 배치가 세련되었고 동그란 창을 통해 들어오는 채광이 좋아 카페 분위기가 한껏 살아나 사진 찍기에도 좋은 공간이다.

영업시간이 짧은 편이니 방문하려면 서두르는 편이 좋다.

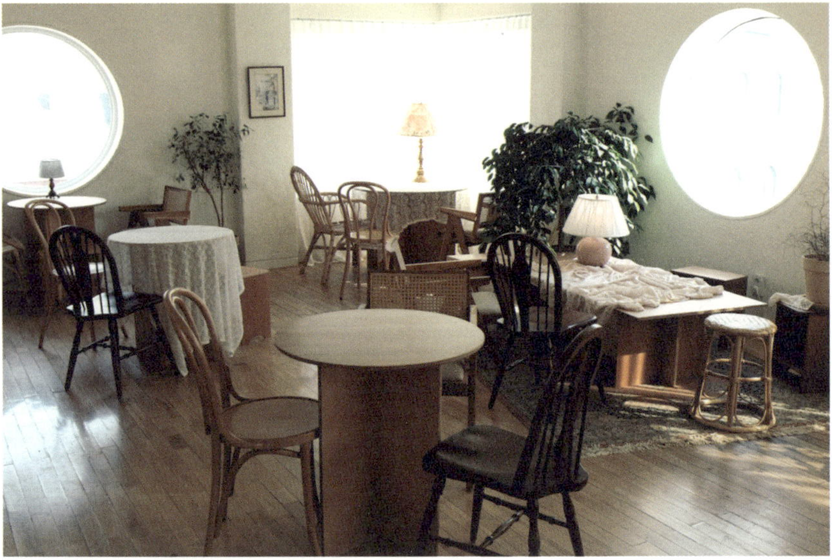

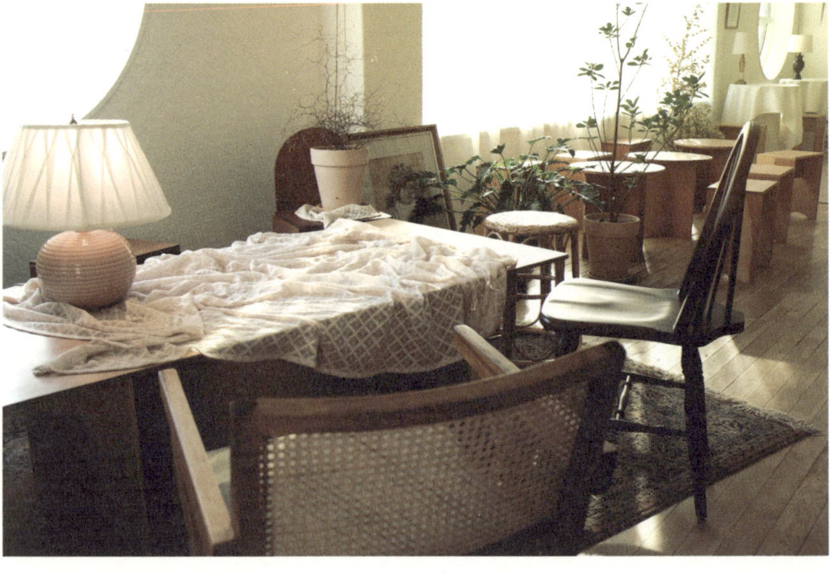

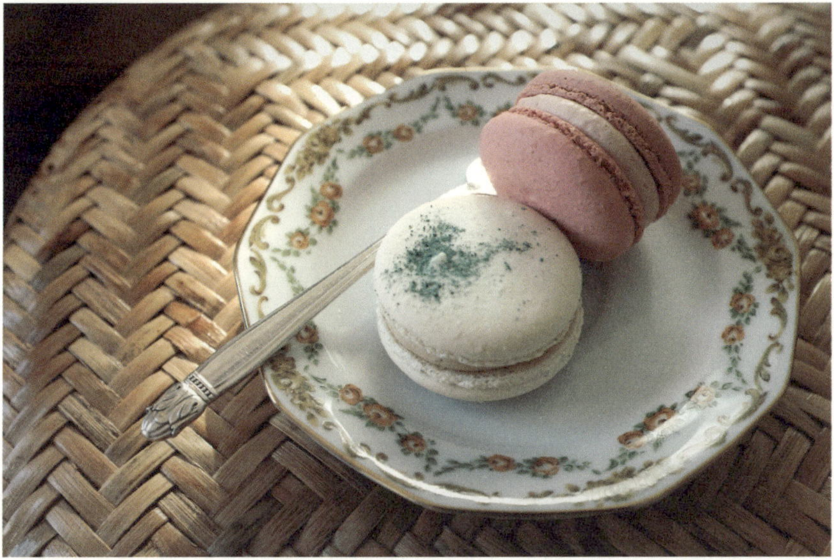

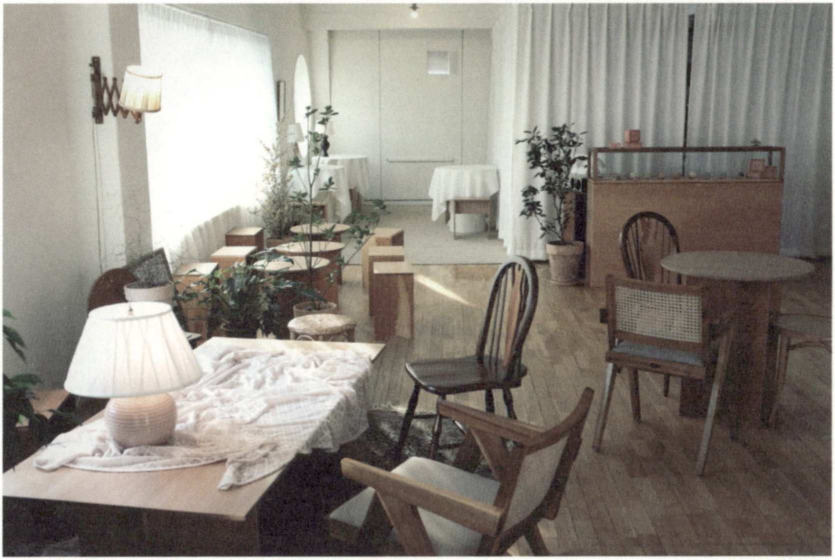

마일스톤커피 Milestone Coffee

주소 서울 강남구 신사동 554-4
영업 매일 12:00 - 22:30 일요일 12:00 - 22:00
휴무 없음
Instagram @milestone_coffee

 가로수길에 있는 '마일스톤커피'는 깔끔한 분위기에 커피 맛이 아주 좋은 카페다.

 특히 이곳의 비엔나커피는 내가 마셔 본 커피 중 세 손가락 안에 들 정도로 강력하게 추천한다. 대표 디저트 메뉴인 티라미수 역시 다른 카페에서 먹어 본 것보다 더 맛있다.

 보이는 인테리어만 그럴싸하고 정작 커피 맛에 실망하게 되는 카페도 가끔 있는데, 이곳은 분위기와 맛 모두 보장된 좋은 카페다.

독립출판 글쓰기

혼자 유럽여행을 가서 찍은 사진들로 '기억을 걷는 시간'이라는 사진집을 처음으로 독립출판했다.

사진집에 글을 넣지 않고 사진만 담은 이유는 나이가 들수록 내 생각을 다른 사람들에게 보이는 것이 뭔가 내 치부를 들키는 것 같은 기분이 들었기 때문이다. 난 아직도 나이에 비해 그렇게 성숙한 사람이라고 생각되지 않았고, 시간이 흘러 내 글을 보게 되었을 때 많이 부끄러울 것 같았다. 하지만 설사 그렇다 할지라도 글을 남기는 행위는 충분히 그럴만한 가치가 있다는 생각이 들었다. 나이가 들어 내가 가진 생각이 바뀌게 되더라도 그 당시에 내가 어떤 마음으로 세상을 바라보고 있었는지 기록하는 것은 의미가 있다고 느끼게 되었다.

독립출판으로 사진집을 낸 후, 생각했던 것만큼 낭만만 있던 것은 아니었다.

처음 내 이름으로 창작물을 만들어 세상에 선보인다는 것은 분명 뿌듯하고 보람된 일이었다.

하지만 작가의 인지도와 작품성이 뒷받침돼야만 대형서점에 입고할 수 있는 기성출판과 달리 진입 장벽이 낮고 창작자의 다양성을 위해 존재하는 독립출판물 안에서도 결국 시장의 논리에서 벗어나지 못하다는 아이러니를 느끼게 되었다. 책을 만들고 입고 문의를 한 많은 독립 책방 중에서 판매에 별로 도움이 될 거 같지 않아 거절당한 곳이 많았다. 그만큼 내 책이 부족한 것도 있겠지만 독립출판물도 결국 소수의 주목받는 작가와 책들을 제외하고, 나머지는 들러리가 되는 것이 현실이었다.

그럼에도 독립출판은 꼭 해볼 만한 가치가 있고 관심이 있는 사람이라면 도전해보기를 추천한다. 자기 생각을 글로 쓰고 창작물을 만든다는 건 책의 흥행 여부와 관계없이 본인에게 분명 긍정적인 영향을 끼칠 것이기 때문이다.

독립 책방도 나름대로 체계가 있고 그들 역시 생계와 연관된 만큼 모든 책을 똑같이 대할 수는 없겠지만, 좀 더 많은 창작자가 소외되지 않고 다양하고 꾸준히 책을 선보일 수 있도록 많은 관심을 두고 기회를 주는 길이 열리기를 소망한다.

딜라이트 베이커리

Delight Bakery

19

딜라이트 베이커리 Delight Bakery

주소 서울 강남구 신사동 535-21
영업 매일 10:30 - 22:00
휴무 없음
Instagram @bakerycafe_delight

베이커리 카페인 이곳은 다양한 종류의 빵과 케이크 등 여러 가지 디저트를 맛볼 수 있는 카페다.

카페에서 직접 빵을 만들다 보니 그만큼 신선하고 믿음이 간다.

유럽 감성의 고풍스러운 인테리어는 특히 여성들이 좋아할 수밖에 없도록 아름다운 공간을 보여준다.

화려한 샹들리에 조명 아래 고전적인 그림과 조각상이 마치 부티크 호텔에 온 듯한 느낌이다.

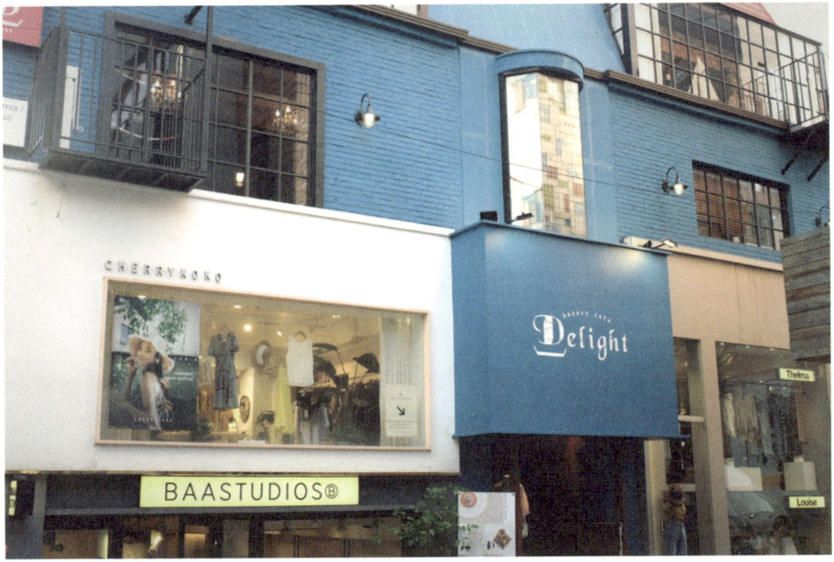
CHERRYKOKO
Delight
BAASTUDIOS®
Thelma
Louise

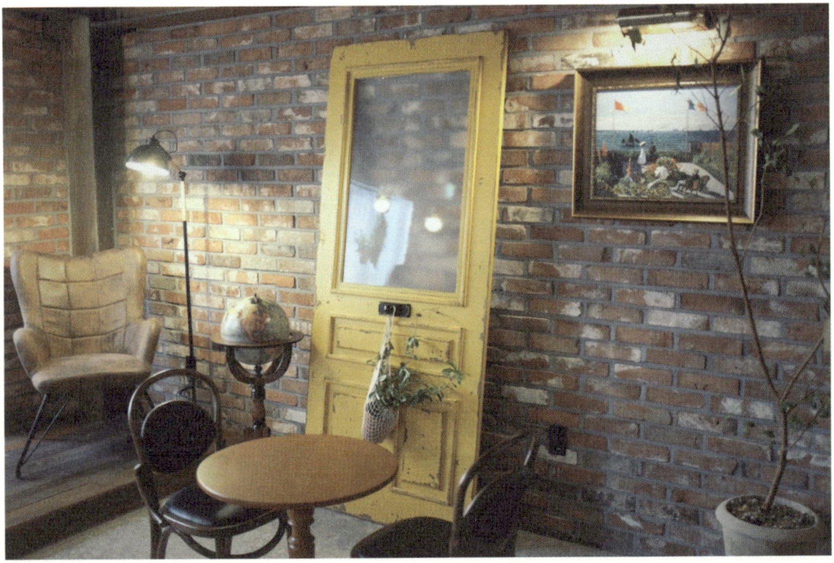

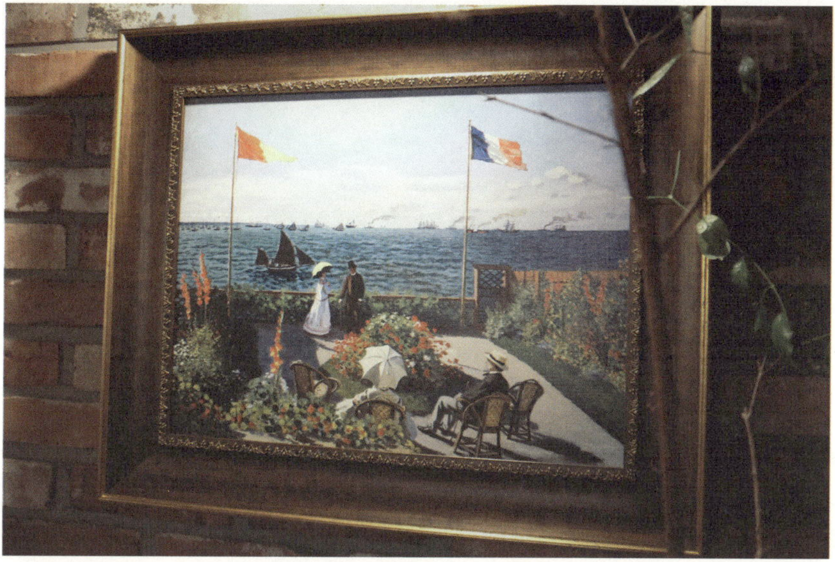

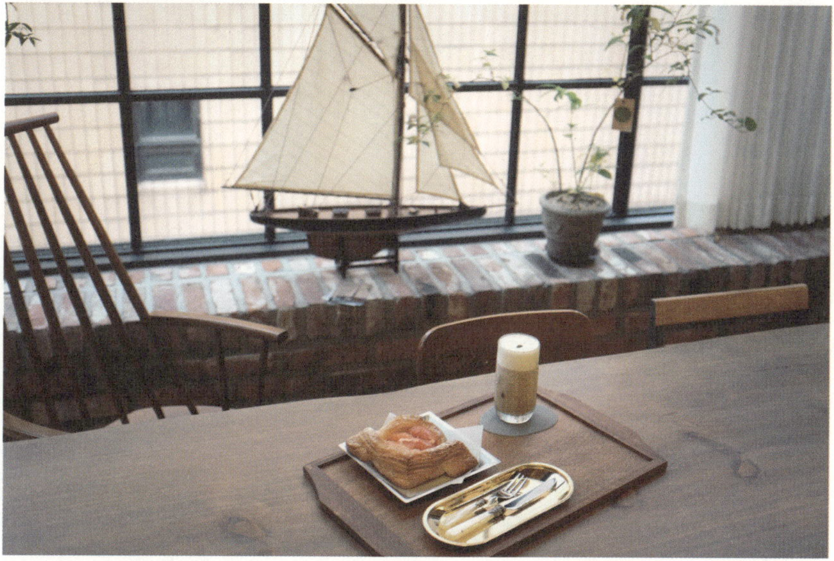

캐주얼 커피

Casual Coffee

20

캐주얼 커피 Casual Coffee

주소 서울 강남구 신사동 517-19
영업 매일 12:00 - 22:00
휴무 없음
Instagram @casualcoffee.kr

　가로수길과 잘 어울리는 '캐주얼 커피'는 예전에는 가정집이었을 듯한 공간을 카페로 만들어서 더 따뜻한 느낌이 든다.

　카페 앞마당에는 푸릇푸릇한 나무와 식물들이 있고, 격식 없이 커피를 마실 수 있는 자리도 마련되어 있다.

　카페 안으로 들어가면 심플하면서도 트렌디한 인테리어가 눈에 띈다.

　여름에는 자두를 이용한 자두 소다가 인기 메뉴고 커피와 밀크티, 케이크 종류의 디저트도 판매하고 있다.

coffee
DREI
GLÄSER
PRO TAG
MILCH
TRINKEN
1981

CALL ME BY YOUR NAME
JBL

어쩌면...

어쩌면 남겨진 사람들보다

먼저 떠난 이들이 우리를 더욱 그리워할지도 몰라...

미안해요, 아버지... 그리고 누나...

카페 키츠네

Cafe Kitsune

21

카페 키츠네 Cafe Kitsune

주소 서울 강남구 신사동 535-13
영업 매일 11:00 - 20:00
휴무 없음

프랑스 디자이너 브랜드 '메종 키츠네'에서 운영하는 '카페 키츠네'는 패션 브랜드와 카페를 혼합한 유니크한 공간으로 이미 파리와 도쿄에서 큰 인기를 얻고 있다. 해외에서나 가볼 수 있던 공간이 서울 가로수길에 상륙했다.
　카페 입구의 대나무 숲길 사이를 지나면 카페와 함께 꽤 널찍한 공간이 기다리고 있다. 취향에 따라 카페 내부나 야외에서 커피를 즐길 수 있다.
　커피와 함께 카페의 상징이라 할 수 있는 여우 쿠키도 인기가 많다.
　유명 패션 브랜드 매장이기에 전시된 의류들을 쇼핑할 수 있어 국내외 많은 사람의 발길이 이어지고 있다.

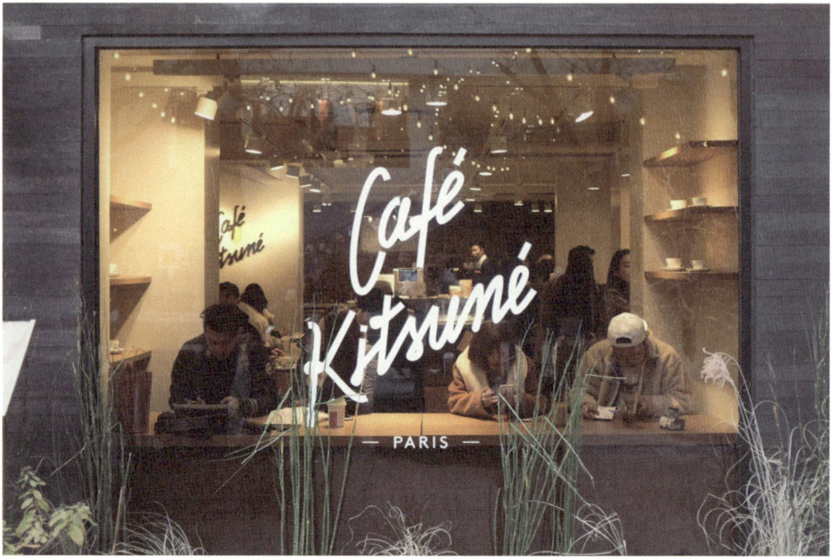
Café
Kitsuné
PARIS

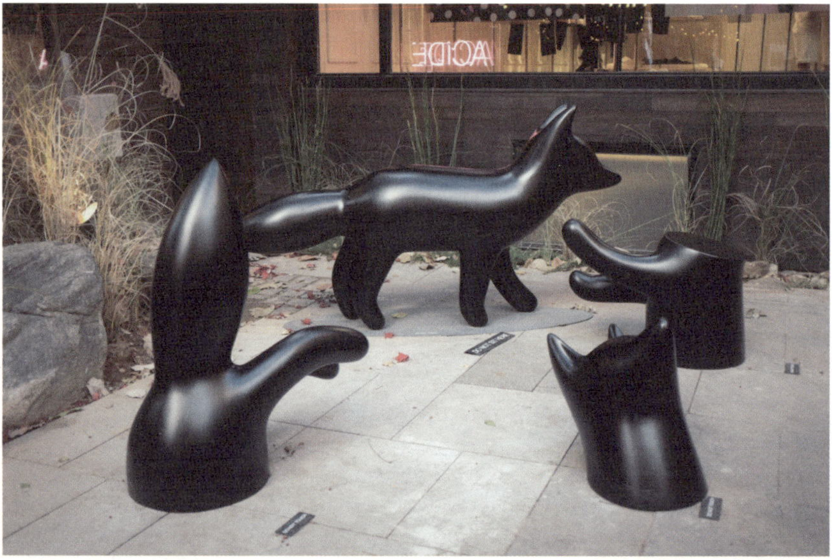

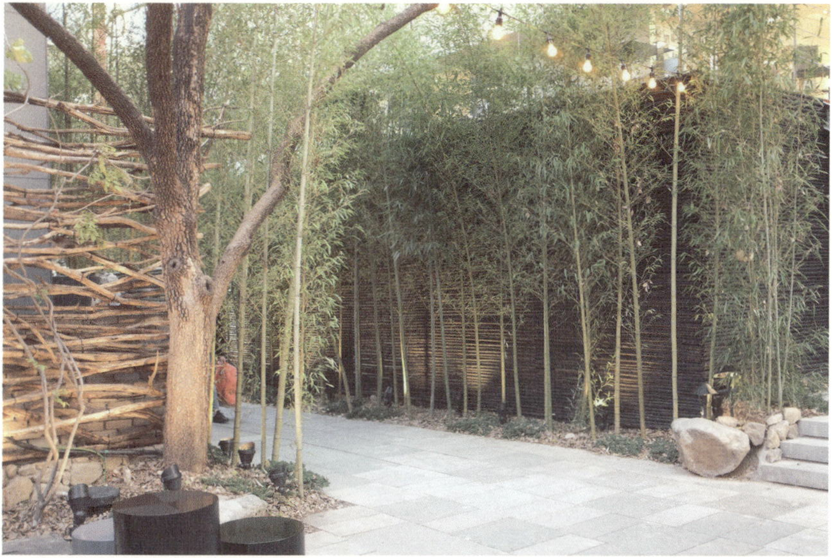

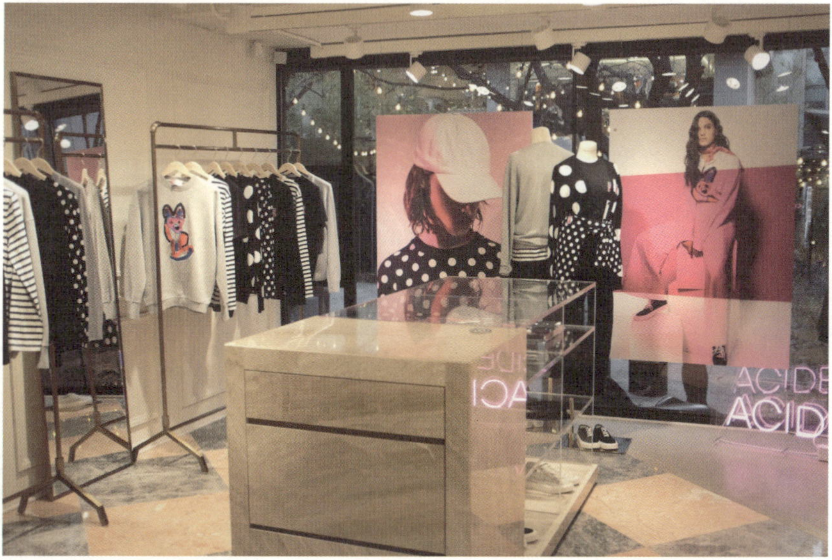
ACIDE

위커 파크
Wicker Park

22

위커 파크 Wicker Park

주소 서울 송파구 석촌호수로 298
영업 평일 10:30 - 22:00 주말 12:00 - 22:00
휴무 매주 월요일
Instagram @wickerpark_seoul

　잠실 석촌호수 옆에 있는 '위커 파크'는 실제로 시카고의 Wicker Park에 있을 듯한 카페 느낌이다. 카페가 크진 않지만 깔끔한 인테리어와 맛 좋은 커피로 잠실 부근에서 가장 힙한 카페이기도 하다.

　커피와 디저트 종류는 단출하지만 그만큼 가장 자신 있는 주메뉴에 전력하는 게 손님 입장에서도 더 좋다.

　분위기 좋은 카페에서 마시는 것도, 커피를 사서 바로 옆 석촌호수를 산책하며 마시는 것도 좋다.

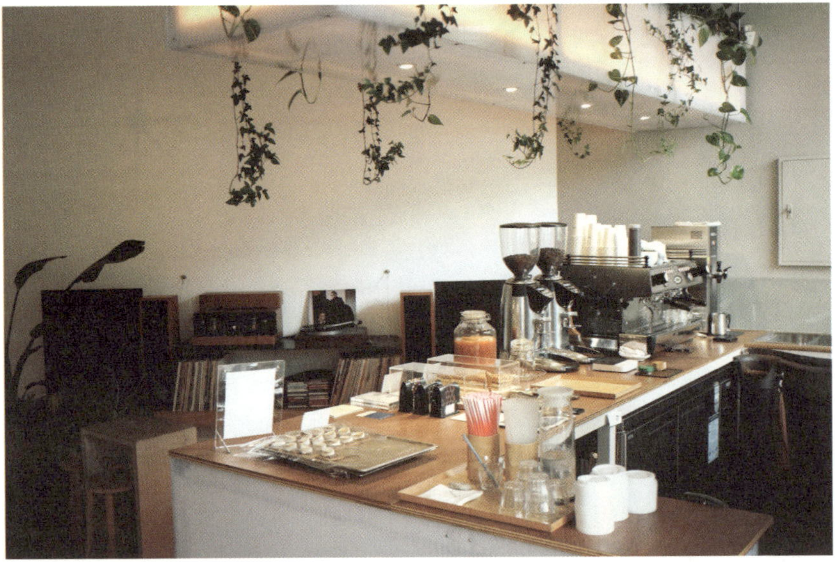

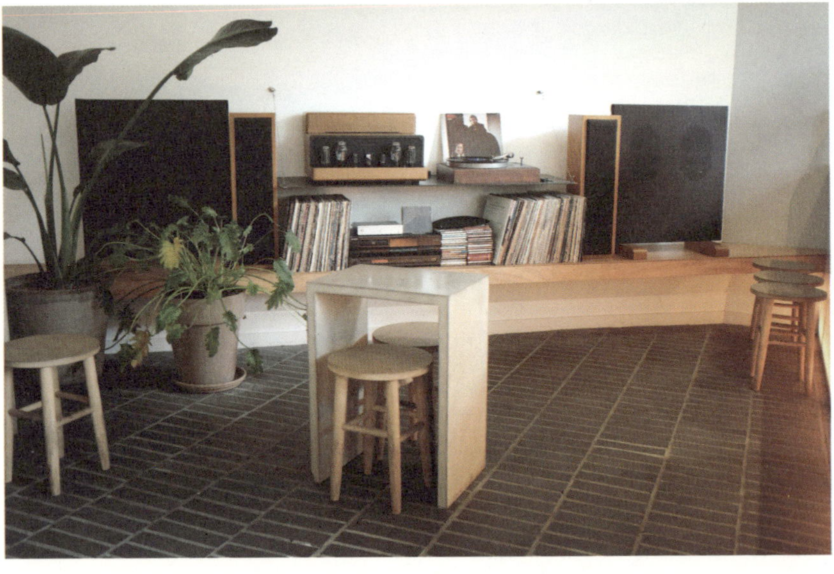

기억을 걷는 시간

일 년 전 오늘 어떤 하루를 보냈었는지 물어보면 쉽게 대답할 수 있는 사람은 거의 없을 것이다. 사람의 기억력은 한계가 있어 시간이 지나면 예전의 일을 떠올리기가 쉽지 않다.

하지만 사진은 일 년 전이든 십 년 전이든 그때로 돌아갈 수 있는 신비한 매력이 있다. 마치 타임머신을 타고 과거로 시간 여행을 하듯이...

여행을 다녀오고 시간이 흐른 뒤에도 사진을 보면 그 당시 공기를 느낄 수 있고 나의 감정은 어떤 상태였는지 생생히 떠오른다. 그래서 카메라는 추억을 담는 보물상자며 내가 계속 사진을 찍는 이유이기도 하다.

사진을 보면서 '기억을 걷는 시간'을 좋아한다.

PART 3
이태원·한남동

10000LAB X NAMIB

23

10000LAB X NAMIB

주소 서울 용산구 용산동2가 5-71
영업 평일 12:00 - 22:00 주말 11:00 - 23:00
휴무 없음
Instagram @10000lab.namib

    해방촌에 위치한 이 카페는 만랩커피와 사진작가 남인근의 협업으로 운영되는 매장이다.

    1층에서 커피를 주문하고 나선형 계단을 내려오면 사진들이 전시된 멋진 갤러리 공간이 나타난다.

    작가가 상주하고 있다면 전시된 사진들에 대한 이야기를 직접 들을 수 있고 여러 사진집도 편하게 볼 수 있어 사진을 좋아하는 사람이라면 꼭 한 번은 방문해야 할 카페이기도 하다. 인스타그램을 통해 전시 작품에 대한 안내와 일정을 미리 알 수 있다.

    해방촌 외에도 충무로에 동일한 컨셉으로 운영되고 있는 나미브 매장이 있으므로 다양한 전시를 관람하고 싶다면 방문해보는 것도 좋다.

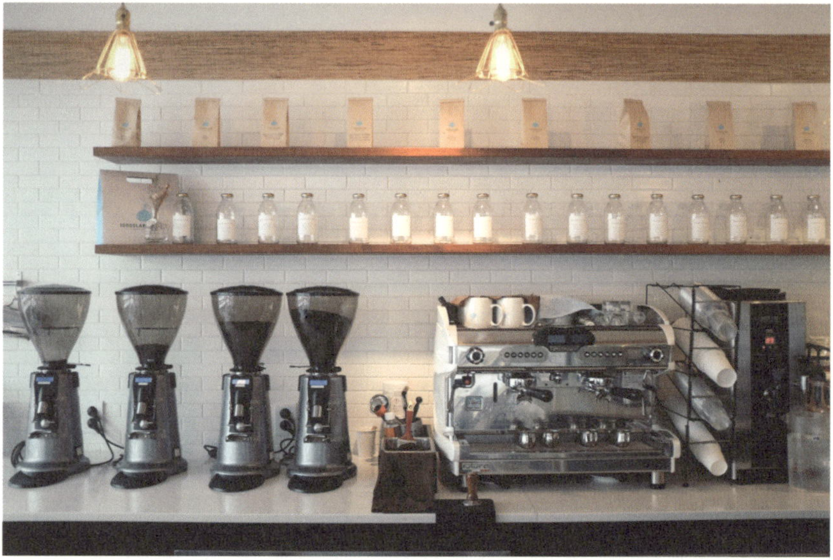

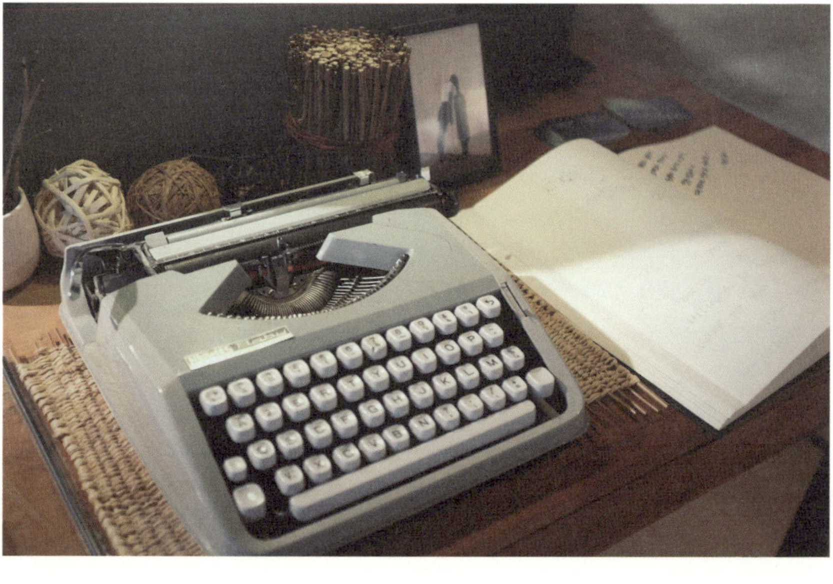

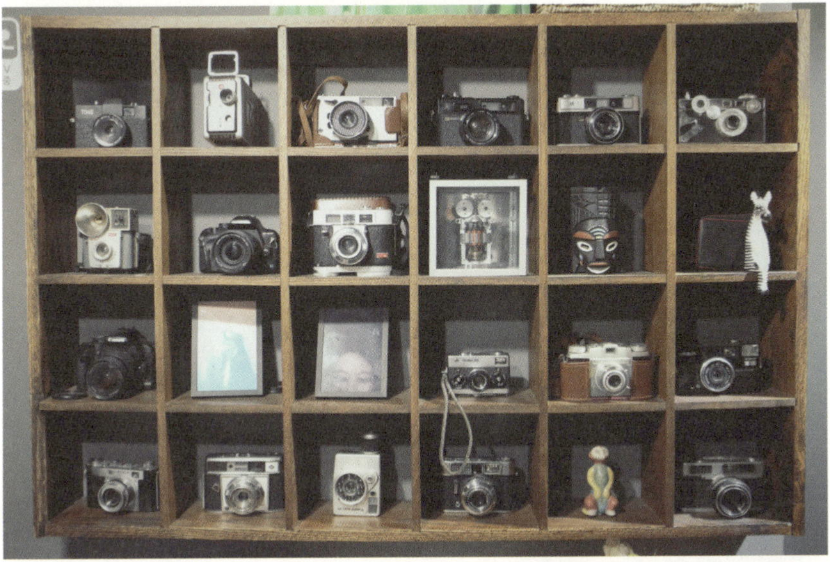

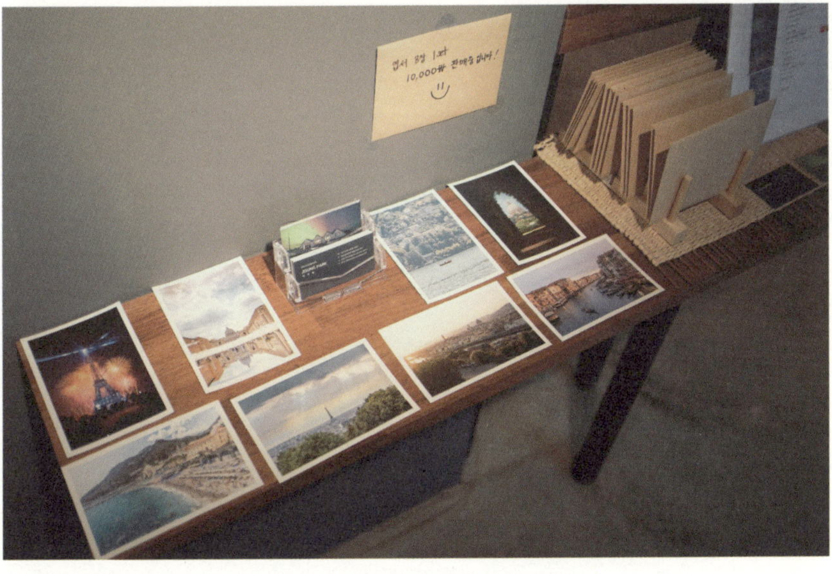
10,000₩

그랜드 뮤즈
Grand Muse

24

그랜드 뮤즈 Grand Muse

주소 서울 용산구 한남동 726-419
영업 11:00 - 22:00 금,토요일 11:00 - 24:00 (브런치타임 11~17시)
휴무 매주 월요일, 웨딩 및 파티 진행시 휴무
Instagram @grand_muse

마당이 넓은 2층 집을 카페로 만든 '그랜드 뮤즈'는 한남동에서도 분위기가 정말 멋진 곳이다.

브런치가 유명하며 예쁘게 플레이팅 되어 나오는 조각 케이크는 이곳의 시그니처 메뉴이기도 하다.

푸른 잔디밭이 깔린 앞마당에서 스몰 웨딩이나 파티를 열기도 하고, 공연이나 스튜디오 대관 등 다양한 공간으로 활용된다.

실내 인테리어 역시 파리의 어느 카페에 온 듯 유럽 감성이 묻어난다.

카페라기보다 영화 속에 나오는 멋진 집에 초대받은 느낌의 '그랜드 뮤즈'는 애완동물도 동반할 수 있다.

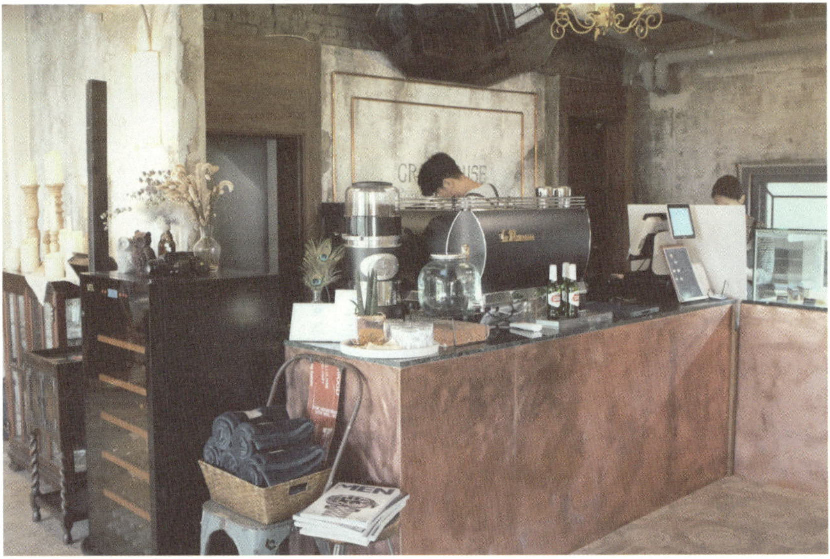
MEN

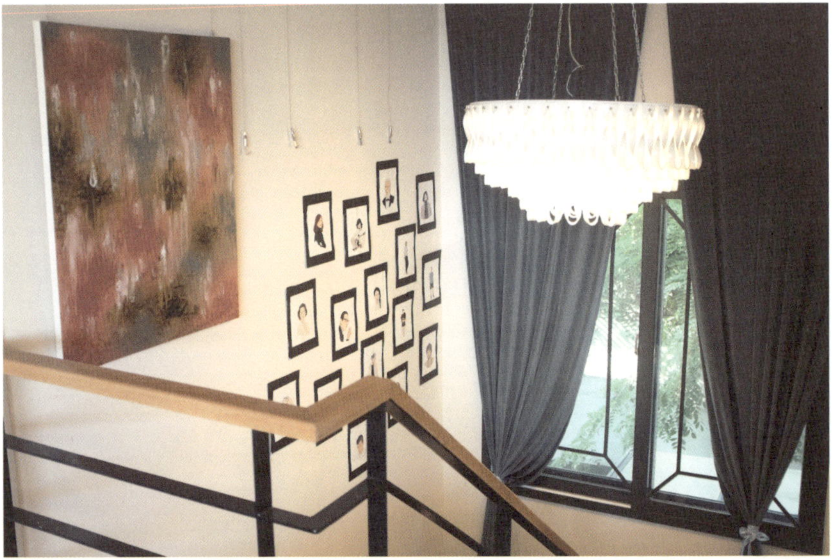

불면증

내가 세상에서 제일 부러운 사람은 베개에 머리가 닿자마자 잠이 드는 사람이다.

걱정한다고 해결되는 일도 아닌데 생각이 꼬리를 물면 계속해서 이어져 잠을 이루지 못한 채 동이 트기도 한다. 낙천적인 사람이라면 별 고민 없이 넘어갈 일도 생각이 많아 쉽게 지나치지 못하는 성격 탓인 것 같다.

요즘 가장 큰 고민이다.
앞으로 수명도 길어져 100세 시대라는데 죽을 때까지 뭐 해서 먹고살지?

루루디
Louloudi

25

루루디 Louloudi

주소 서울 용산구 한남동 683-110
영업 13:00 - 21:00
휴무 매주 월요일
Instagram @louloudi_shop

그리스어로 꽃을 의미하는 '루루디'는 플레이팅도 남다른 한남동 카페다. 이곳의 디저트는 미각을 느끼기 전에 눈으로 먼저 짜릿한 즐거움을 준다. 고풍스러운 찻잔과 접시에 나오는 커피와 케이크는 자연스럽게 카메라를 꺼내게 만드는 비주얼을 자랑한다. 단지 비주얼만 좋다면 실망하겠지만 맛 또한 기대를 충분히 만족시켜 항상 인기가 많다.

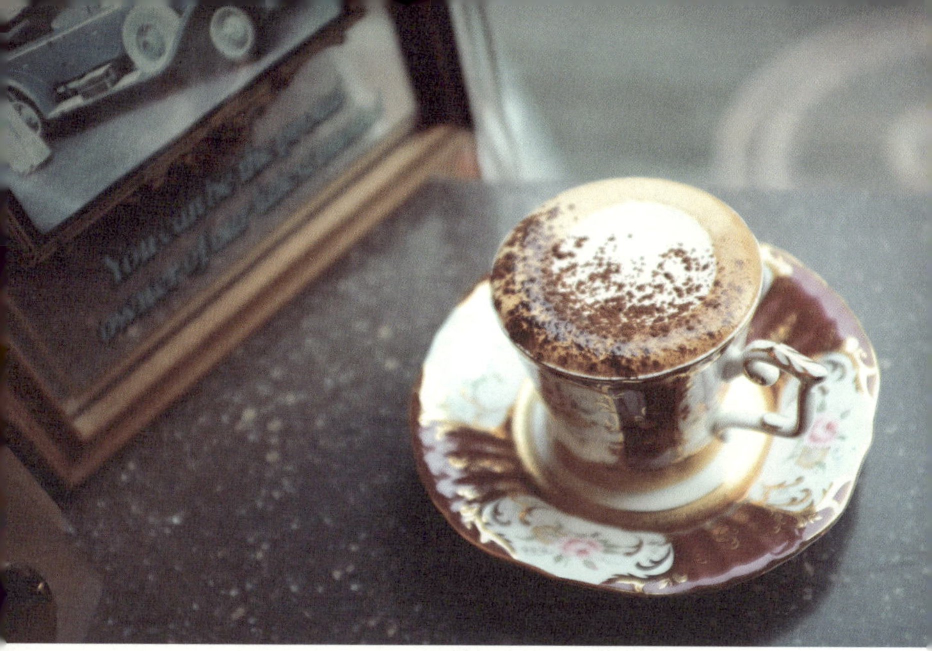

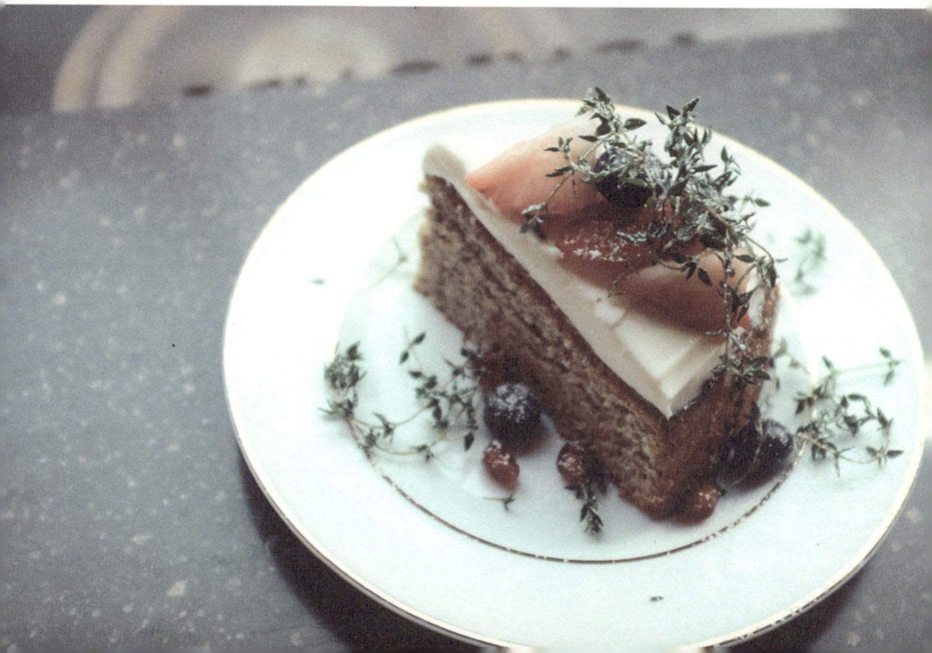

아이덴티티 커피랩

Identity Coffeelap

26

아이덴티티 커피랩 Identity Coffeelap

주소 서울 용산구 원효로63길 18
영업 12:00 - 20:00 월요일 12:00-19:00 일요일 13:00 - 20:00
휴무 매주 화요일
Instagram @identity_coffeelap

다정한 커플이 운영하는 '아이덴티티 커피랩'은 효창공원 부근에서 가장 머물고 싶은 공간이기도 하다. 화이트와 우드 기반의 모던한 인테리어로, 햇볕이 카페로 가득 쏟아져 들어오는 시간이 가장 예쁘다.

커피의 다양성을 추구하기 위해 스페셜티급 핸드드립 커피를 판매하여 취향에 맞는 커피를 맛볼 수 있다. 실제로 와인이 들어간 커피부터 여러 가지 과일 향을 느낄 수 있는 커피까지 고르는 재미가 있다.

디저트로 판매하는 까눌레와 브라우니도 추천한다.

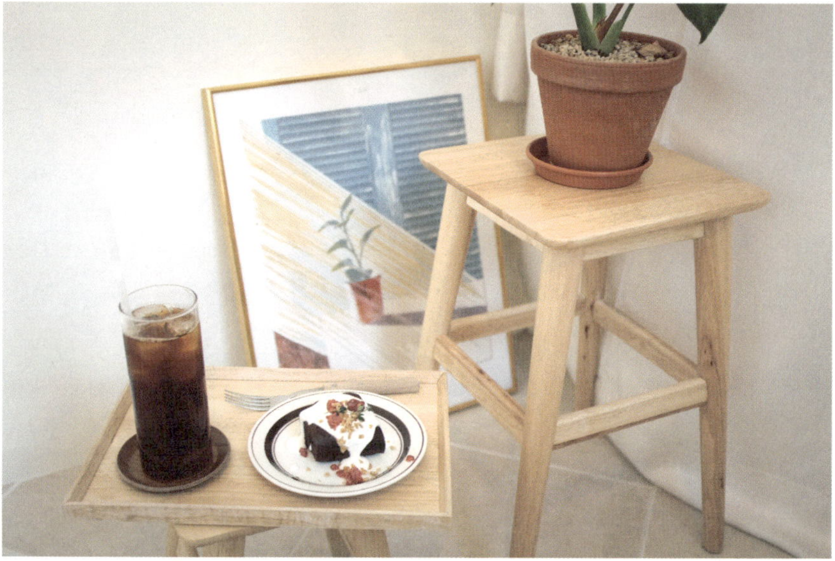

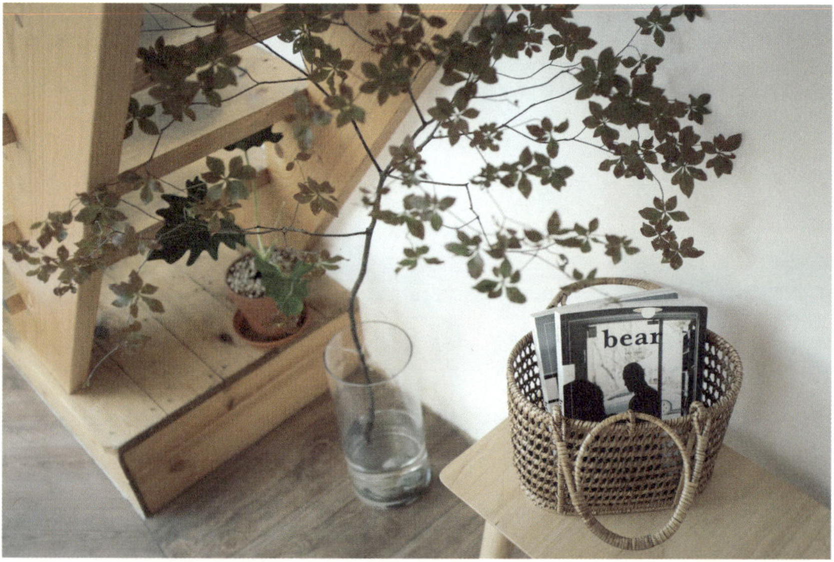
bear

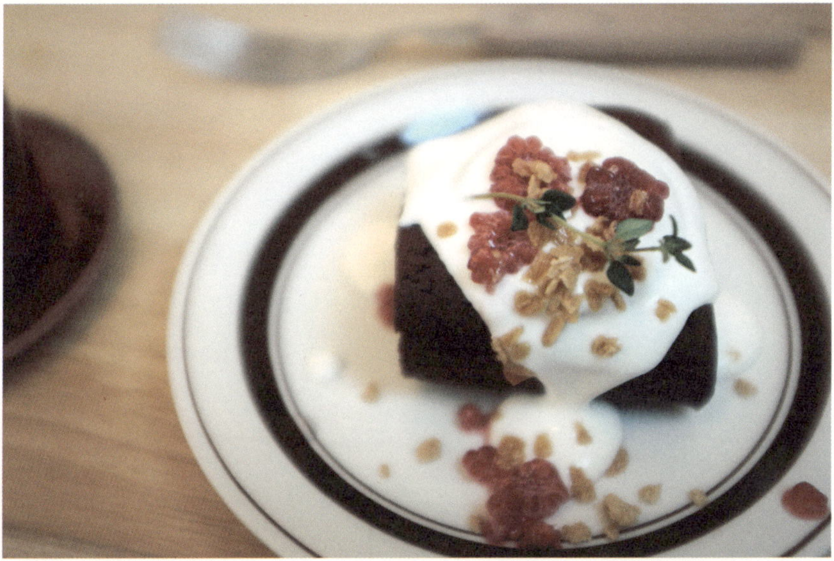

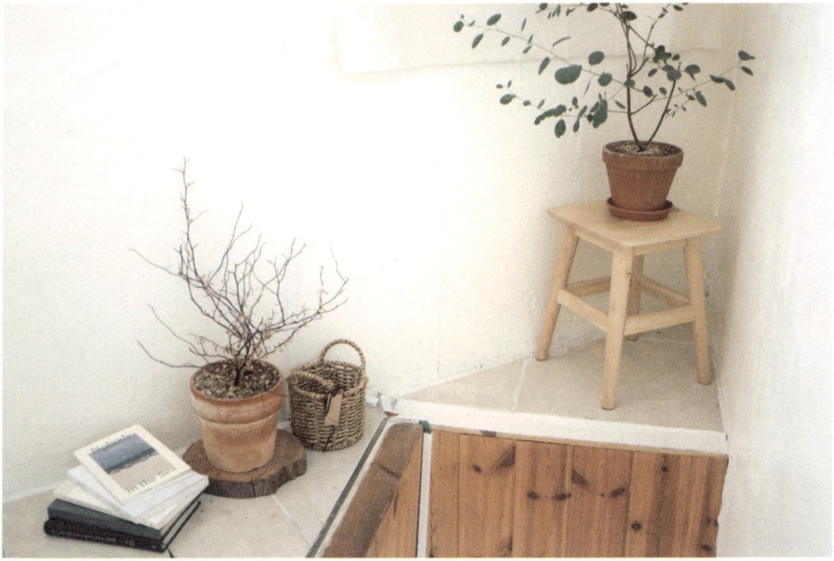

혼자 놀기의 달인

사람들과 어울리는 걸 좋아하는 성향이 있고, 혼자 있는 시간을 좋아하는 성향이 있는데 난 후자에 속하는 것 같다.

낯을 많이 가리는 성격에 친구나 지인이 많은 편이 아니라 자의 반 타의 반 혼자 있는 것도 있지만, 사회생활을 하며 사람에 치이다 보니 온전히 혼자 있는 시간이 참 소중하다. 그래서 홀로 카페에 가거나 혼밥을 먹는 일은 나에게는 일상이다.

사람이 싫다가도 오랜 시간 혼자 있다 보면 다시 사람이 그리워지기도 한다. 혼자 있는 시간을 즐긴다고 무조건 사람을 피하기보다는 그때마다 마음이 가는 대로 적당한 선을 유지하는 게 좋다.

혼자라고 집에만 있거나 위축되기보다 자기 시간을 즐길 줄 아는 사람이 나중에 누구와 함께하게 돼도 그 시간을 배로 즐길 수 있다.

그런 의미에서 나의 수많은 동지를 응원하며 혼자 놀기 달인의 역사를 소개해 본다.

나 홀로 유럽여행
제일 잘한 일이자 인생에서 가장 행복했던 시간이었다. 살면서 꼭 한 번쯤 시도할 가치가 있다.

혼자 롯데월드 가기
추천하지 않는 혼자 놀기. 양옆에 앉은 커플 사이에 낀 채 바이킹을 타면서 나

자신을 원망했다. 그래도 꿋꿋이 자유이용권 본전을 뽑고 나오면서 이번이 처음이자 마지막이라고 다짐했다.

혼자서 미술관 혹은 영화 보기

집중하려면 전시나 영화는 원래 혼자 보는 것이다. 혼자여도 완벽한 하루를 만들 수 있다.

혼자 콘서트 가기

서태지 콘서트에 혼자 다녀온 적이 있다. 그래도 콘서트는 둘이 가는 게 솔직히 더 즐거운 것 같다.

혼자 빕스 가기

입장할 때 한 명이라고 말하는 것부터 고비가 찾아온다. 혼밥하러 패밀리 레스토랑만 가보지 못해 도전했지만, 혼밥하기에는 별로 좋지 않다. 나 외에 혼자 온 사람을 찾기 힘들고, 그래서 다른 곳보다 더 외로운 기분이 들기 때문이다.

혼자 돼지갈비 먹기

2인분 이상 시켜야 하고, 혼자서 고기가 타지 않게 굽고 먹느라 쉴 틈이 없다. 바로 옆 테이블 단체 회식은 덤이다.

혼자 카페투어 하기

사진이 취미다 보니 분위기 좋은 맛집이나 예쁜 카페들을 많이 알게 된다. 나중에 여자친구가 생겼을 때 점수를 얻을 수 있고 카페에서 인생 사진도 찍어줄 수 있다. 그래도 안 생기는 게 함정이다.

혼술

가끔 혼술을 한다. 테이블보다는 바가 있는 선술집 같은 곳이 좋다. 그래서 혼술 하기 좋은 가게들 역시 잘 알고 있다.

혼자 한강 공원 가기

울적한 날이면 기분전환을 위해 홀로 한강을 찾는다. 하지만 돗자리를 펴놓고 다정하게 치맥을 먹는 커플 옆에서 혼자 맨바닥에 앉아 라면을 먹으면 기분이 더 우울해질 수 있으니 주의 요망이다.
난 이미 그런 단계는 초월한 상태라 별 상관없다.(정말?!)

혼자 남산타워 가기

커플의 성지라 추천하지는 않지만 사진 찍으러 몇 번 다녀왔다. 서로 부둥켜 안고 뽀뽀하는 커플 바로 옆에서 붉은 노을이 지는 풍경을 찍을 때면 동시에 내 눈시울도 붉어진다.

혼자 살기

독립 후 한동안 혼자서 살아본 적이 있다. 내가 무엇을 하든 신경 쓰거나 잔소리할 사람이 없어 좋지만, 반대로 움직이기도 힘들 만큼 아플 때 죽이라도 하나 사다 줄 사람이 없기도 하다. 혼자 산다는 건 그만큼 장단점이 있는 것 같다.

PART 4

건대입구·성수동

인덱스 Index

주소 서울 광진구 자양동 17-1 커먼그라운드 3층
영업 매일 11:00 - 22:00
휴무 없음(설날, 추석 당일 휴무)
Instagram @indexshop.kr

index

카페라기보다는 서점에 가까운 '인덱스'는 건대입구역 부근 커먼그라운드에 입점해 있다.

커피를 마시며 책을 볼 수 있는 공간이 생각보다 많지 않은데, 책과 커피를 좋아하는 사람들에게는 오아시스 같은 곳이다. 다양한 분야의 출판물을 볼 수 있고, 2층에는 커피를 마실 수 있는 공간이 마련돼 있다.

'인덱스' 외에도 커먼그라운드에는 볼거리와 먹을거리도 다양해 데이트 코스로도 좋다.

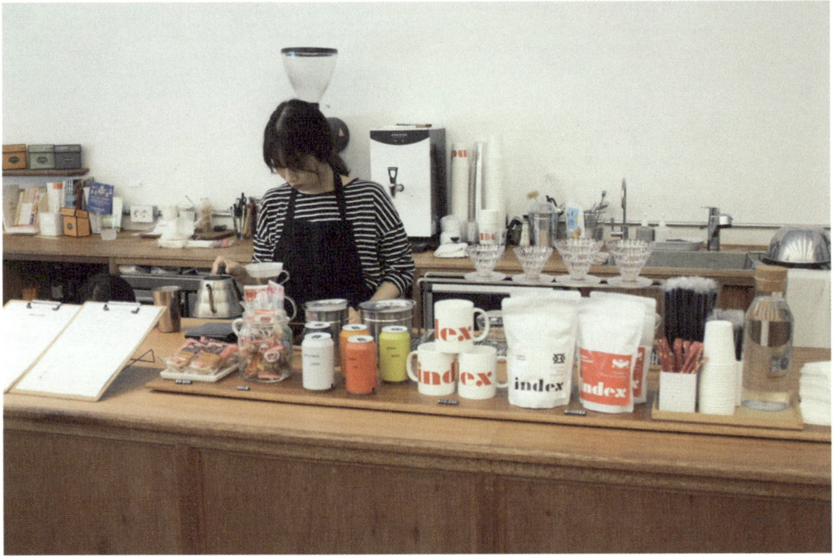
index
index
index

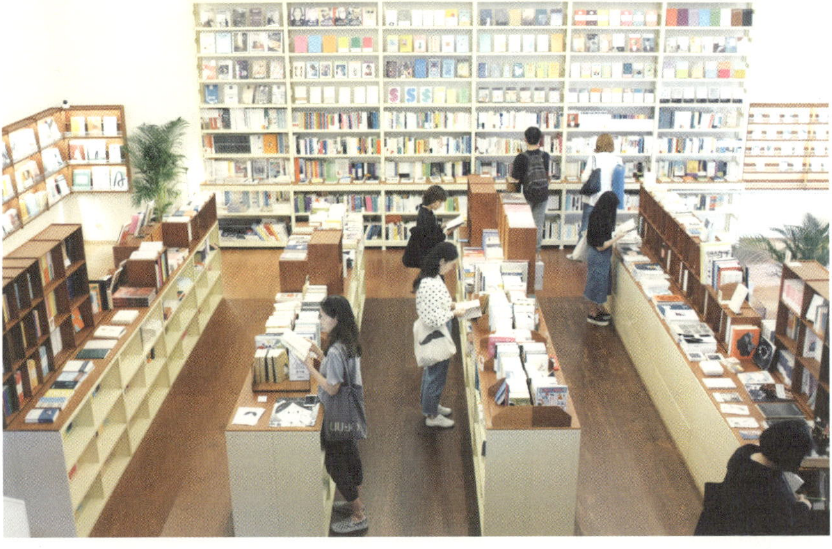

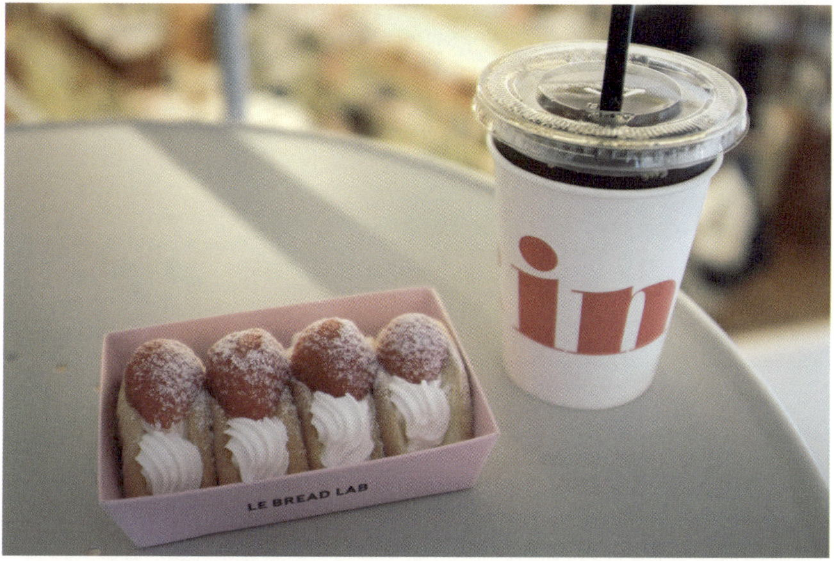
in
LE BREAD LAB

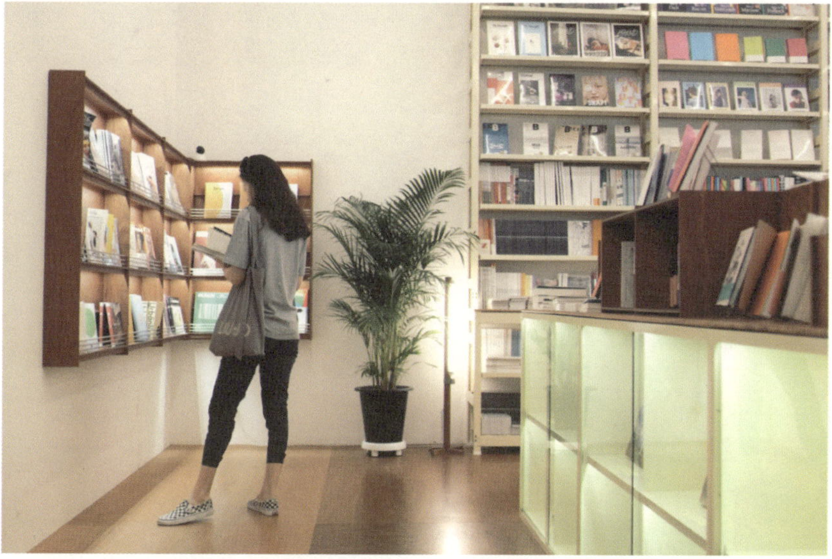

카멜커피 Camel Coffee

주소 서울 성동구 성수동2가 570-1
영업 11:30 - 21:00
휴무 매주 수요일

 핫한 카페가 많은 성수동에서도 '카멜커피'는 개성이 강한 곳이다.

 '카멜'이라는 카페 이름에서 느껴지듯 문을 열면 이집트의 카페에 온 듯한 이국적인 느낌이 든다. 규모는 크지만 획일적인 카페들보다 작아도 자기만의 색깔이 뚜렷한 카페가 더 매력적이다.

 화장실 내부까지 인테리어에 신경 쓰기가 쉽지 않은데 이곳은 화장실마저도 세세한 부분까지 신경 쓴 모습이 인상적이다.

 대표 메뉴인 '카멜커피' 역시 맛을 보면 사람들의 발길을 끄는 이유를 알 수 있다. 인기에 힘입어 청담동에도 2호점을 오픈했다.

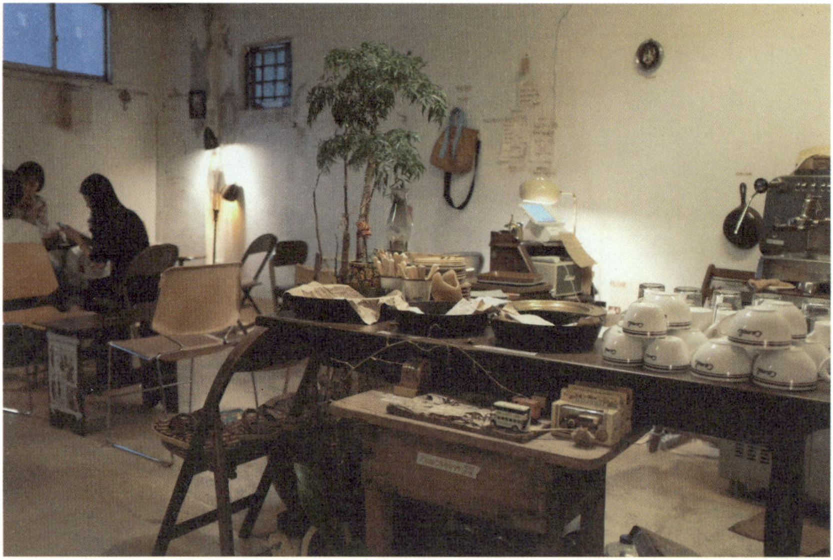

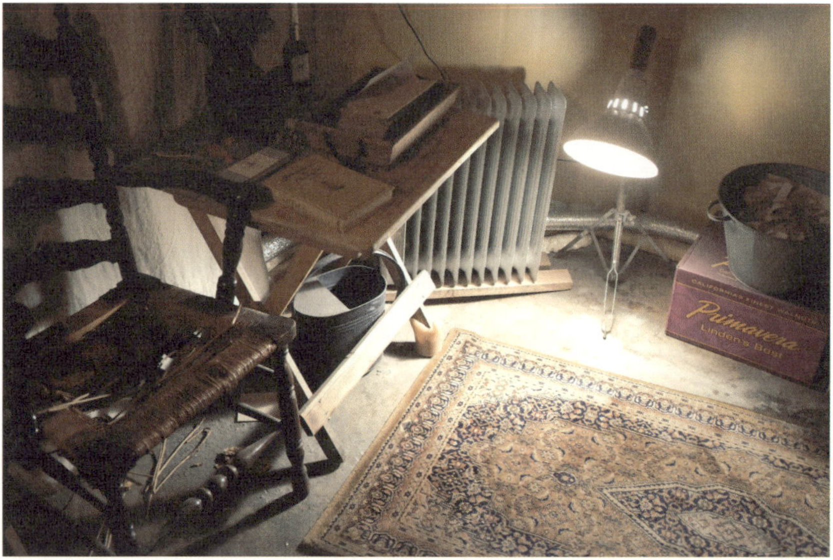
Primavera
Linden's Best

\# 니 연애 니나 재밌지
　니 애기 니나 이쁘지

책임감이 없어서 결혼을 안 하는 게 아니라
책임감이 강해서 함부로 결혼하지 않는 거예요.

대림창고

29

대림창고

주소 서울 성동구 성수동2가 322-32
영업 매일 11:00 - 23:00
휴무 없음(설날, 추석 당일 휴무)
Instagram @daelim_changgo

　성수동에서 가장 유명한 카페 중 하나인 '대림창고'는 과거 물류창고로 쓰이던 공간을 카페로 만들었다.

　규모가 커서 커피와 디저트뿐만 아니라 피자와 파스타 등 식사도 가능하다.

　갤러리 카페라 전시된 그림과 작품들을 보는 재미도 빼놓을 수 없다.

　인공조명이 아닌 천장의 커다란 창을 통해 들어오는 자연광이 카페를 더욱 포근하게 감싼다.

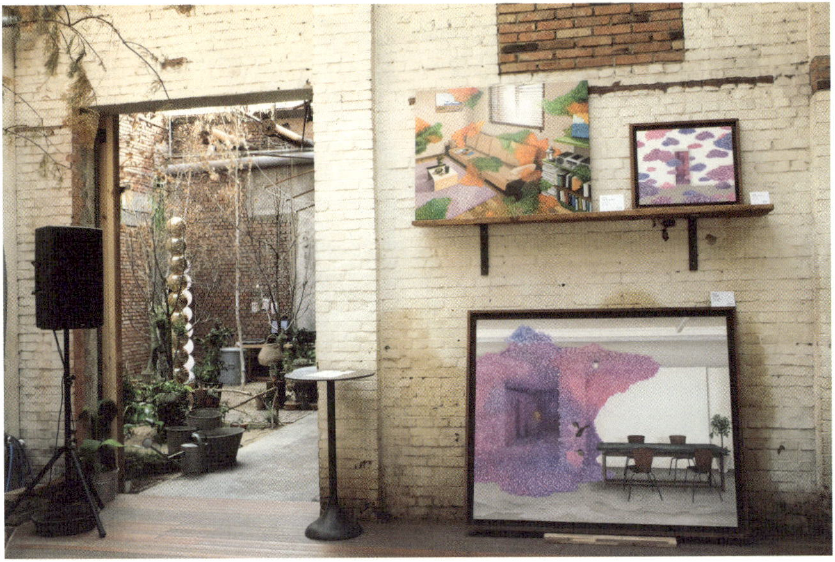

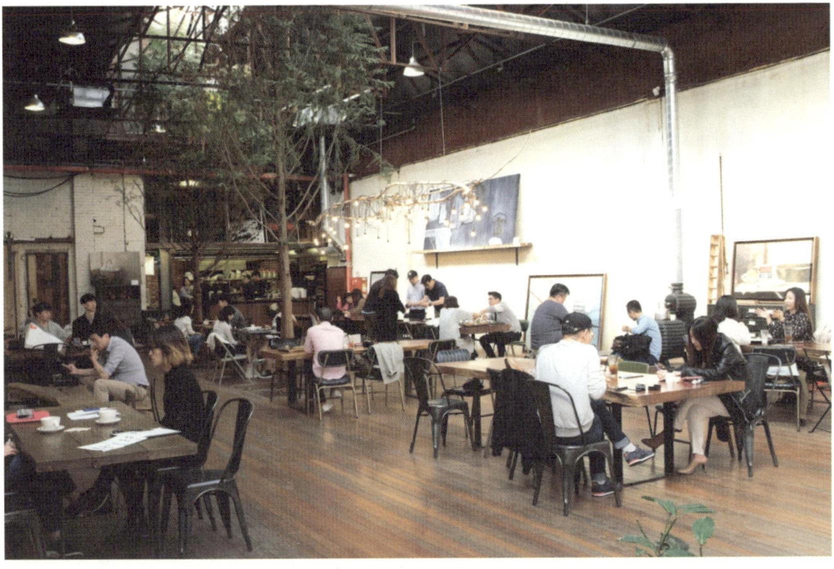

우디집

Woody House

30

우디집 Woody House

주소 서울 성동구 성수동1가 314 2층
영업 12:00 - 21:00
휴무 매주 월요일
Instagram @woody_zip

   성수동 주택가에 자리하고 있는 '우디집'은 누군가 살고 있는 집에 온 듯한 따스한 기분을 느낄 수 있다. 가구와 소품들 하나하나 언제나 그 자리에 있던 것처럼 잘 어울린다. 카페로 한가득 들어오는 햇빛까지 완벽한 조화를 이루고 있다.
   프랑스 대표 디저트 중 하나인 달콤한 '크림브륄레'를 맛볼 수 있는 흔하지 않은 곳이기에 꼭 추천한다.

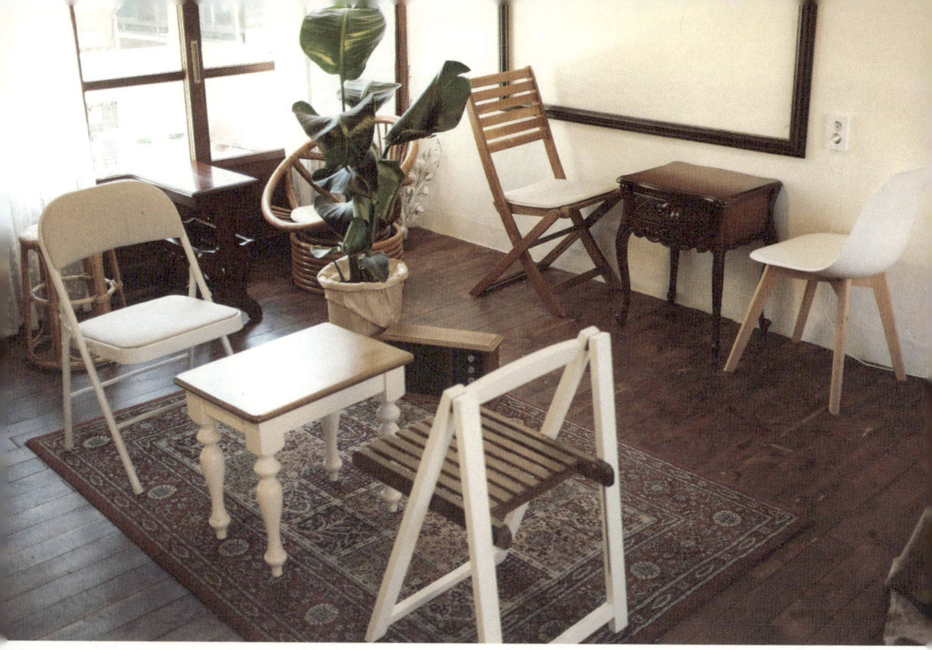

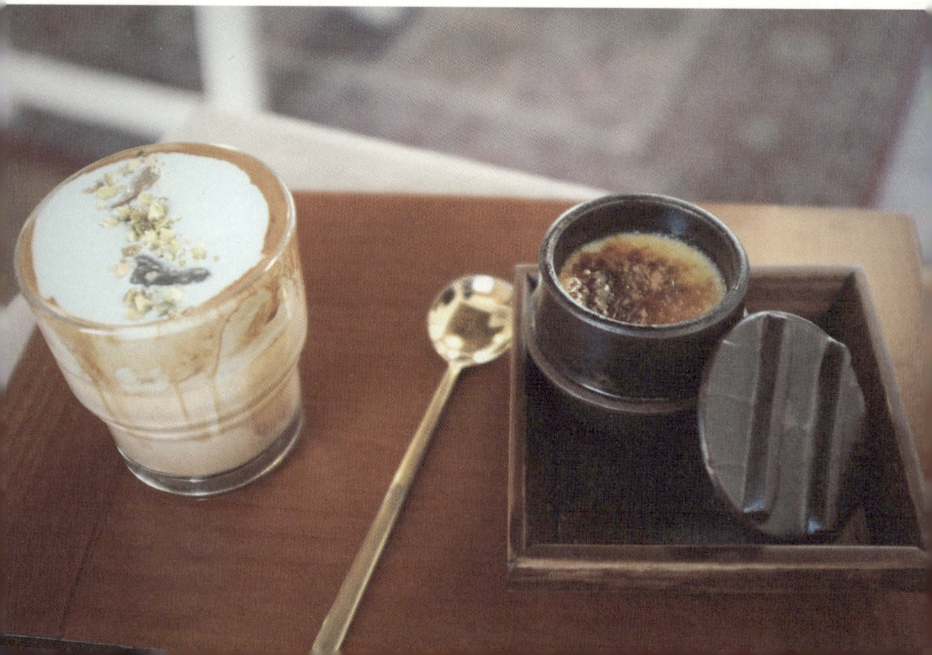

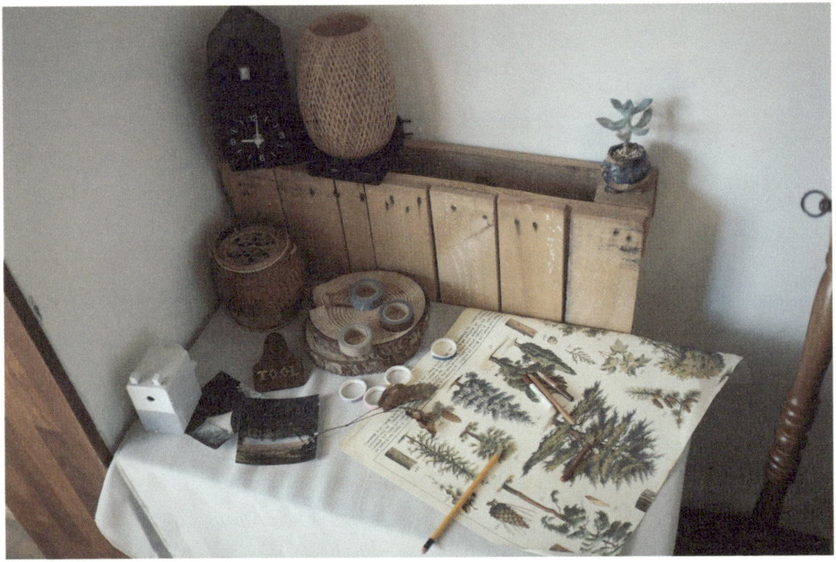

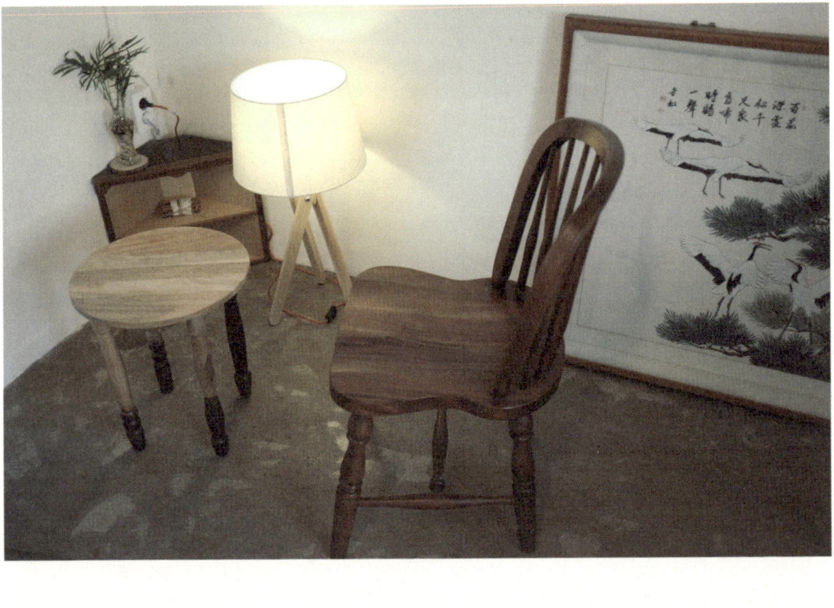

나비효과

'나비의 작은 날갯짓이 지구 반대편에 태풍을 일으킬 수 있다'

과장된 이론이라 생각할 수 있겠지만, 인생이란 크고 작은 수많은 선택의 연속이기에 틀린 말은 아니다. 현재는 과거의 선택들이 빚어낸 결과로, 앞으로의 선택에 따라 미래의 내 모습이 결정될 것이다.

과거는 결코 되돌릴 수 없다는 건 누구나 알고 있기에 시간이 지나 후회하는 일이 없도록 현재 주어진 상황에서 최선의 선택을 하도록 노력하는 것이 중요하다.

PART 5

노원

스윗레시피

Sweet Recipe

31

스윗레시피 Sweet Recipe

주소 서울 노원구 상계동 591-25 2층
영업 14:00 - 21:00
휴무 매주 화요일(둘째,넷째주 화,수요일 휴무)
Instagram @sweet_0310

'스윗레시피'는 소녀 감성 가득한 분위기의 카페다.

이 지역에 예쁜 개인 카페가 드물어 더욱 돋보인다.

새하얀 커튼에 비치는 빔프로젝터 영상과 침대에 누워 있는 귀여운 곰 인형이 친한 친구네 집에 놀러 온 듯한 편한 느낌이다.

친절한 사장님과 다양한 종류의 음료와 디저트 역시 언제나 실망을 주지 않는다.

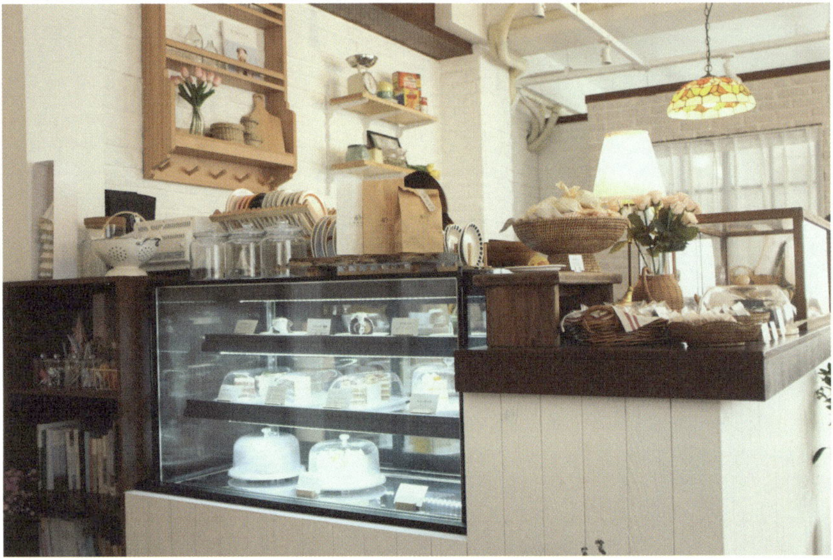

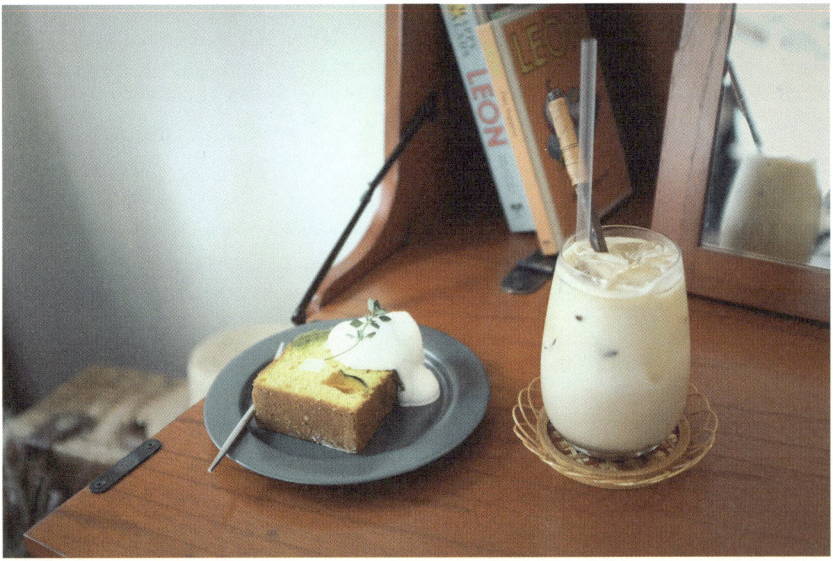
LEON

PART 5 노원 195

이너모스트

Innermost

32

이너모스트 Innermost

주소 서울 노원구 공릉동 494-4
영업 12:00 - 22:00
휴무 매주 월요일
Instagram @cafe_innermost

　카페 입구의 클래식 자동차가 지나가는 사람들의 눈길을 잡는다. 인테리어를 위한 장치가 아닌 실제로 운행이 가능한 자동차라 더 매력 있다.
　깔끔하고 모던한 인테리어와 내가 좋아하는 '테일러 커피'의 원두를 사용해서 커피 맛 역시 뛰어나다.
　부근을 지나게 된다면 재방문 의사가 확실한 카페다.

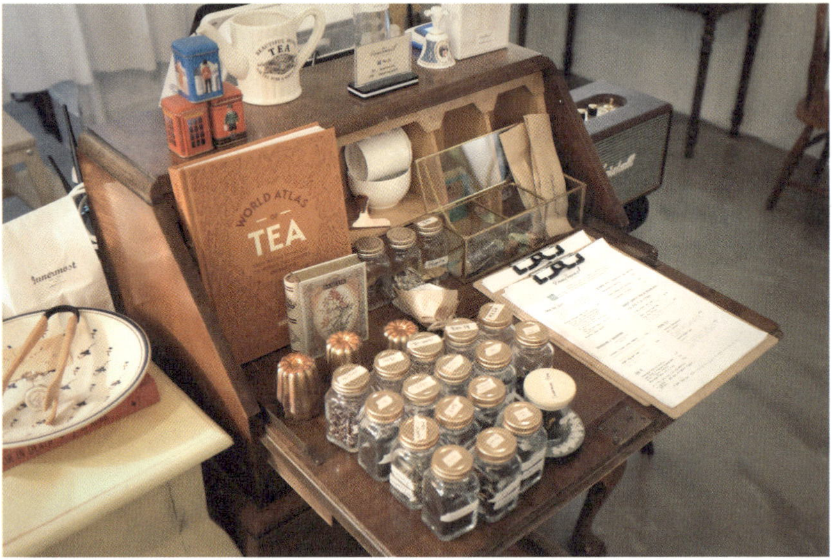
WORLD ATLAS OF TEA
TEA
Innermost

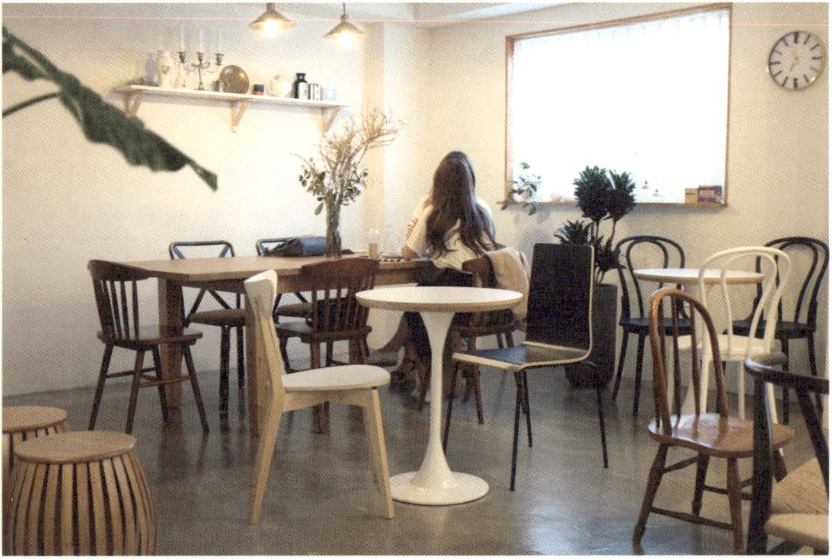

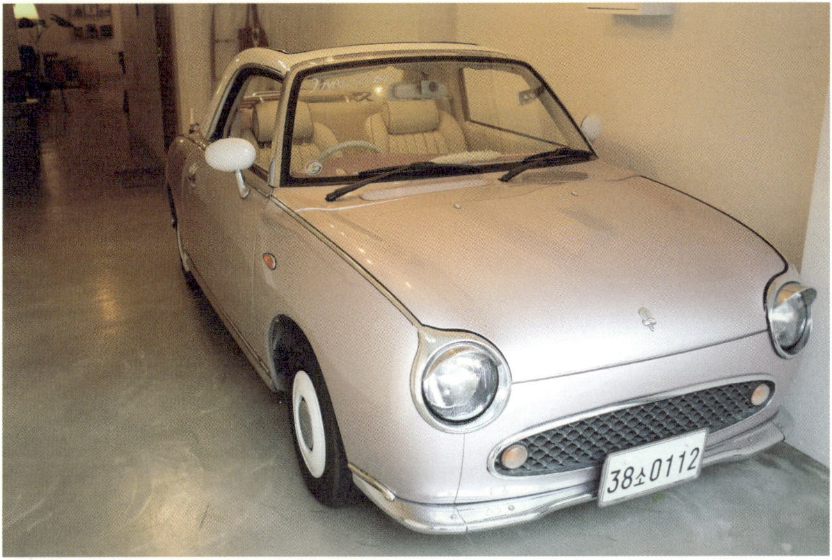
38소0112

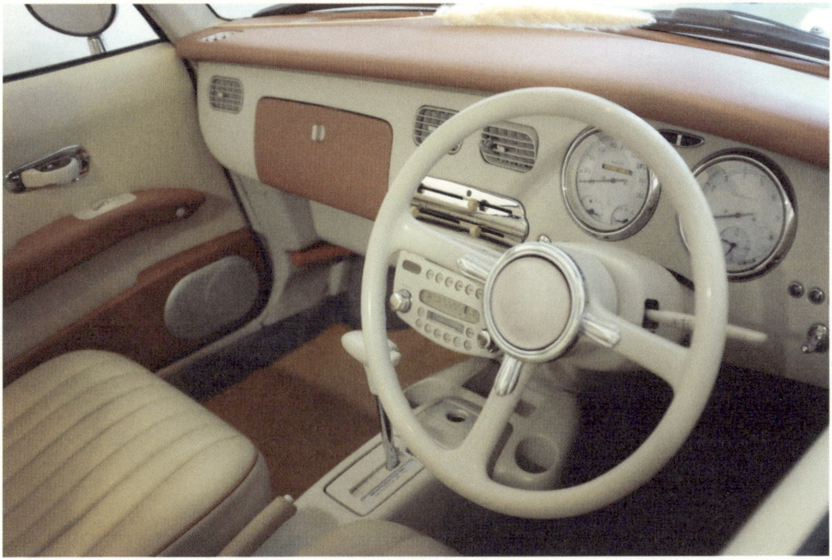

때로는 침묵이 금이다

나는 말수가 적은 편이다. 처음 사람을 만나면 상대방은 내가 재미없기도 하고 친해지는 것도 오래 걸린다.

때로는 무슨 생각을 하고 있는지 속을 알 수 없다는 오해도 받아 나도 내 성격이 싫을 때가 많았다. 활발하고 붙임성 좋은 사람들이 어느 자리에서도 환영받기가 쉬운 세상이니까.

하지만 성격이 밝다고 꼭 좋은 사람이라는 건 아니고, 조용하다고 이상한 사람이라는 뜻도 아니다. 성격과 성품은 별개의 것이라 믿는다.

가족을 먼저 떠나보내는 일을 두 번 겪었고, 그건 아직 내 또래 친구들은 많이 경험해보지 못한 일이었다. 힘든 시간을 보내면서 나도 모르게 마음이 닫힌 부분도 있는 것 같고, 그래서 혼자 있는 시간이 많아진 듯싶기도 하다.

'관태기'라는 말처럼 사람과의 관계에 지쳐 혼자 있는 게 오히려 편한 것도 있다. 혼자 있으면 대화 상대가 없기에 자연스레 말문이 닫히고 그 습관이 사람을 만나서도 이어지는 것 같다.

사람과 대화하면서 자기 의사를 명확히 표현하는 건 분명 중요한 일이다.
하지만 때로는 백 마디 말보다 침묵이 금일 때도 있다.

말이라는 게 입에서 한 번 내뱉는 순간 다시 주워 담을 수 없고, 누군가에겐 비수가 되어 지울 수 없는 상처가 되기도 한다. 말을 통해서 처음 관계가 형성되기도 하지만 말로 인해 그 관계가 끝나기도 한다.

하지만 듣는 상대의 입장이나 기분을 생각하지 않고 무심코 단어를 내뱉는 사람들이 세상에는 많다.

편한 것과 우습게 대하는 것은 분명 다름에도 처음엔 조심하다가 조금 친해졌다 싶으면 함부로 얘기하고, 사람마다 처한 상황이 모두 다름을 인정하지 않은 채 오로지 자기 입장만 생각해서 쉽게 말하는 사람들도 많다. 그런 사람들을 보면서 말하기 전 한 번 더 생각하는 습관이 생겼고, 때로는 침묵하는 것이 이로울 때도 있다.

그렇게 생각하면 입이 가벼운 사람보다는 나처럼 조금은 답답할 수 있겠지만 쉽게 말을 내뱉지 않는 사람이 더 나을 수도 있다는 생각이 든다.

PART 6

성북·대학로

알렉스 더 커피

Alex the Coffee

33

알렉스 더 커피 Alex the Coffee

주소 서울 성북구 성북동 260-38(성북점)
영업 매일 10:00 - 22:00
휴무 없음
Instagram @alexthecoffee

'알렉스 더 커피'는 번화가에서 벗어난 한적한 곳이라 운치 있다.

내부는 유리온실에 온 듯 싱그럽고, 외부에 마련된 자리에서 선선한 바람을 맞으며 마시는 커피도 좋다.

카페에서 멀지 않은 '길상사'에 들러서 산책하는 코스도 추천한다.

경기도에 있는 고양점과 용인점도 자연 친화적 인테리어로 많은 사람이 찾는다.

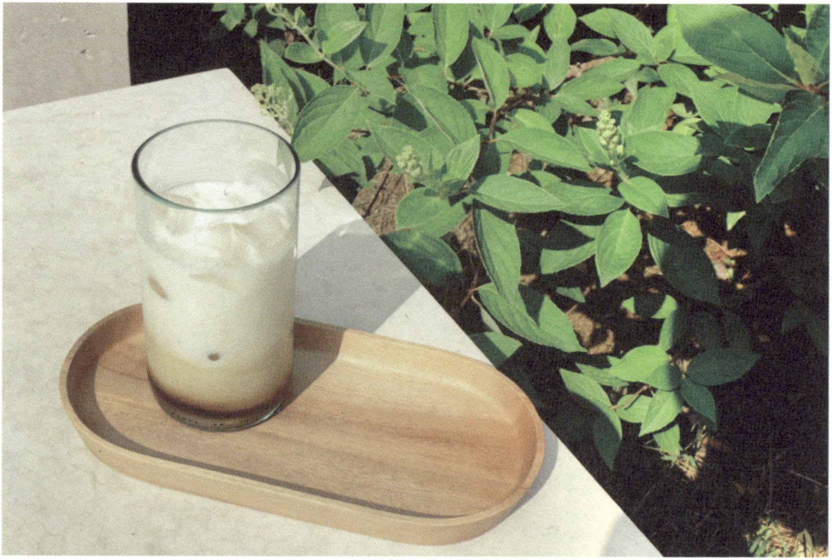

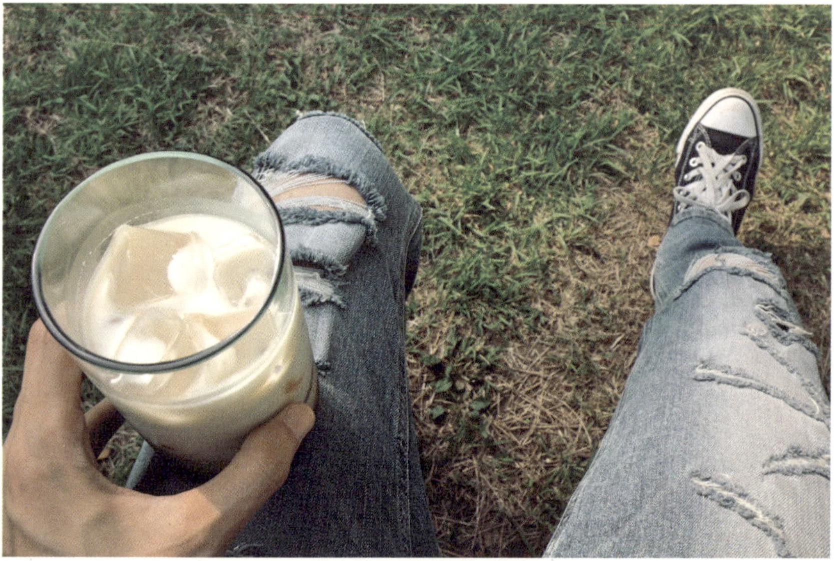

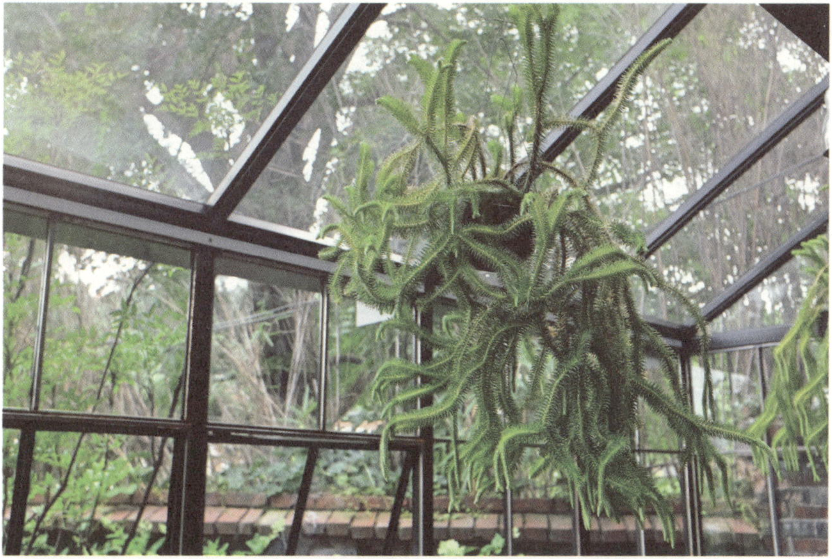

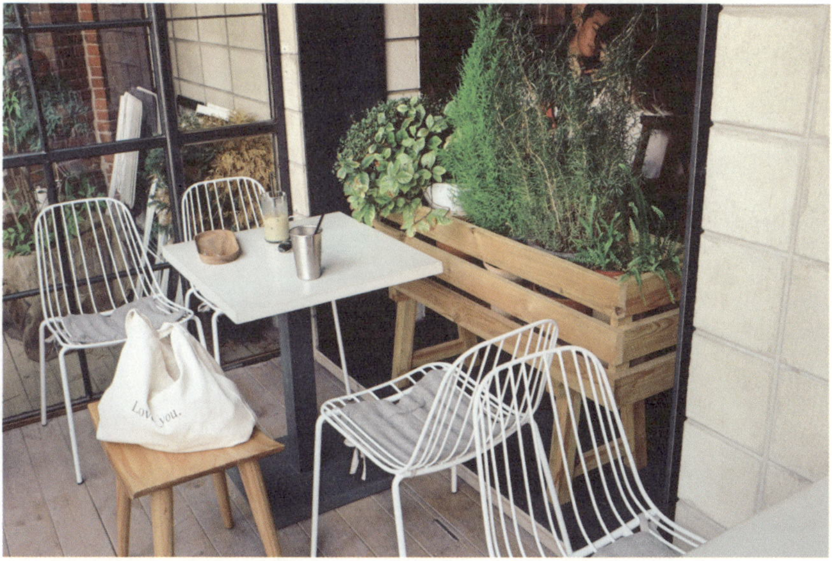
Love you.

커피매터스
Coffee Matters

34

커피매터스 Coffee Matters

주소 서울 성북구 삼선동4가 85
영업 매일 12:00 - 22:00
휴무 없음
Instagram @_coffeematters

한적한 주택가 사이에 위치한 '커피매터스'는 아담하고 감성적인 카페다.

대표 메뉴인 '코코플랫'은 커피 위에 바삭한 코코넛 크럼블이 올라가 보기에도 예쁘고, 고소하게 씹히는 아몬드와 커피가 잘 어울린다.

디저트로 판매하는 바질 토마토 스콘 역시 다른 곳에서 먹어 본 스콘과는 달리 독특한 맛이라 추천한다.

또한 커피와 디저트가 나무 받침대 위에 플레이팅되어서 손님을 배려한 마음을 느낄 수 있다.

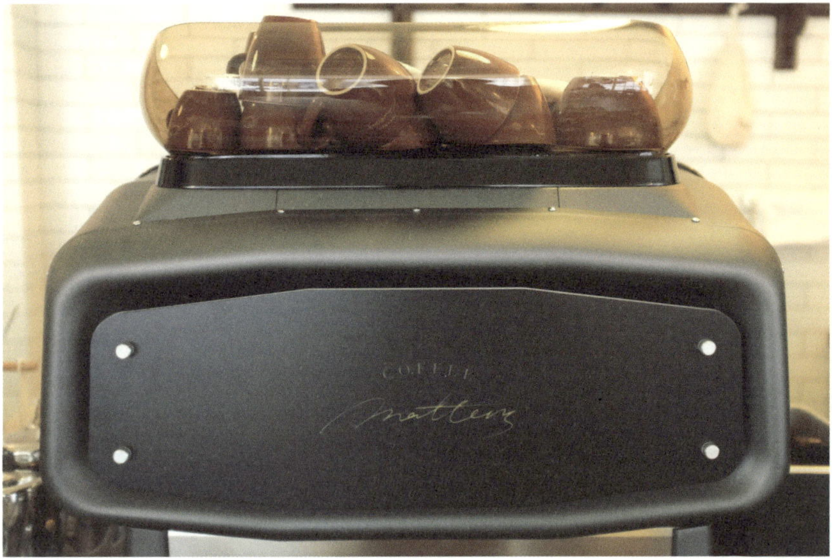
COFFEE
matters

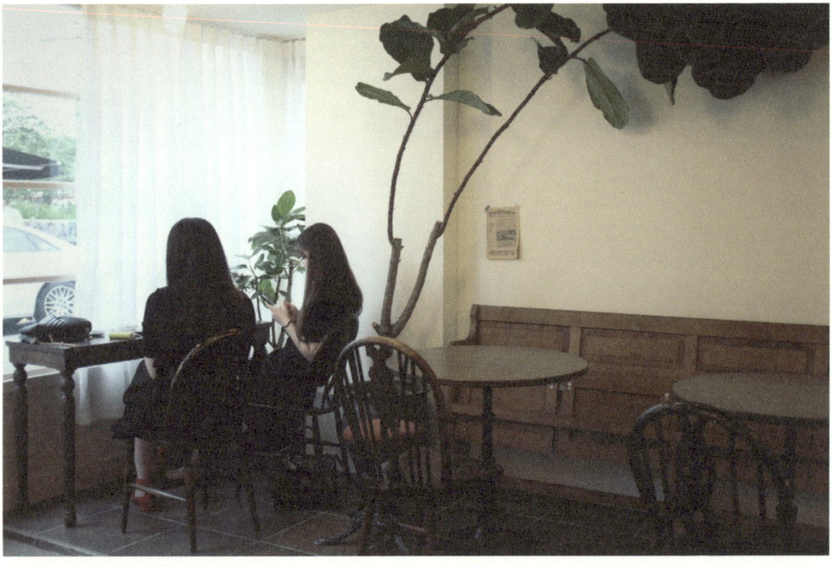

그것이 알고 싶다

'또라이 질량 보존의 법칙'에 따르면 어느 집단이든 또라이가 한 명씩 있고 만약 아무도 없다면 그 또라이는 바로 나라고 한다.

직장생활을 하면서 어떤 조직이나 늘 또라이가 있었던 것을 생각하면 내가 또라이가 아니라서 다행이라고 여겨야 할지 모르겠다. 그들의 공통점은 대단한 직장이나 직책도 아니면서 텃세를 부리고 상대방이 들으면 기분이 상할 말들을 의도적으로 내뱉는다.

내가 가장 이해가 되지 않는 점은 왜 직장 동료를 적으로 만드는지, 업무나 외의 것들로 받을 스트레스도 많은데 스트레스를 가중하는 것인지 하는 것이다. 그걸 알고 있다면 애초에 그런 행동조차 하지 않았을 테니 어찌 보면 그들을 이해하려는 노력은 무의미할지도 모르겠다. 내가 추정하는 가장 큰 이유는 진상 짓을 하면서 직장에서 조금이라도 편하게 일하려는 의도가 아닐까 싶다.

대다수 퇴사자가 일이 힘들어서라기보다 사람과의 관계가 불편해서 나오는 경우가 많다. 퇴사를 고려할 만큼 스트레스를 주는 또라이라면 한 번쯤은 대놓고 맞서는 용기도 필요하다.

오늘도 아군인지 적군인지 모를 전쟁터에서 '존버'하는 모든 직장인에게 응원을 보낸다.

홍콩샤워 35
Hongkong Shower

홍콩샤워 Hongkong Shower

주소 서울 종로구 명륜2가 216-1 2층
영업 12:00 - 22:00
휴무 매주 일요일
Instagram @hongkongshower

　이름부터 독특한 분위기가 느껴지는 '홍콩샤워'는 마치 홍콩에 있을법한 카페다. 주문을 받고 음료를 만드는 바(Bar)가 매력적이고 무심하게 흐트러져 있는 소품들도 분위기를 살려준다.
　은은한 조명 아래에서 혼자 시간을 보내기에도 좋고, 가까운 사람과 진솔한 대화를 나누기에도 편안한 카페다.

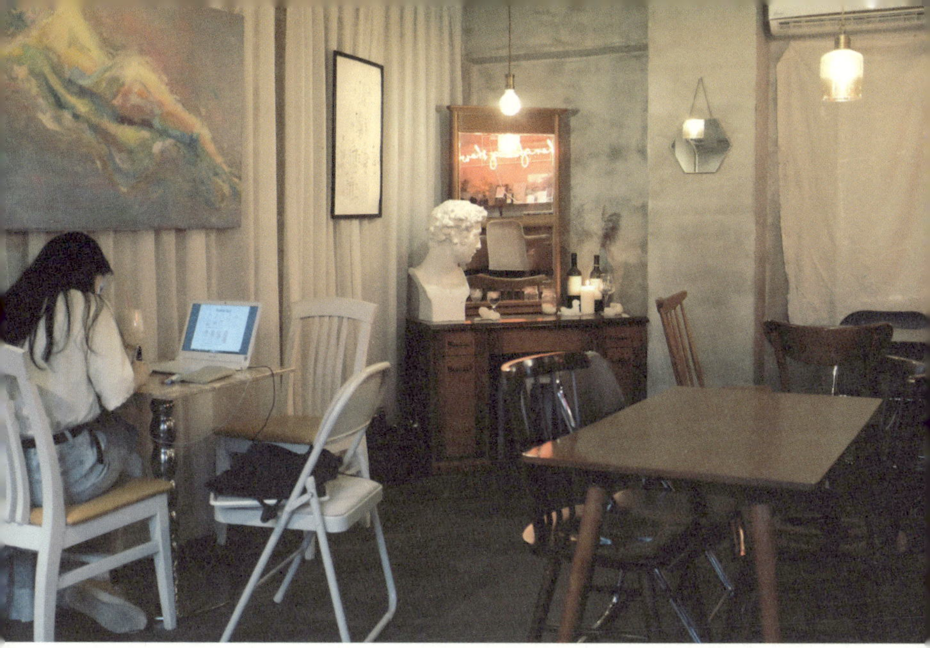

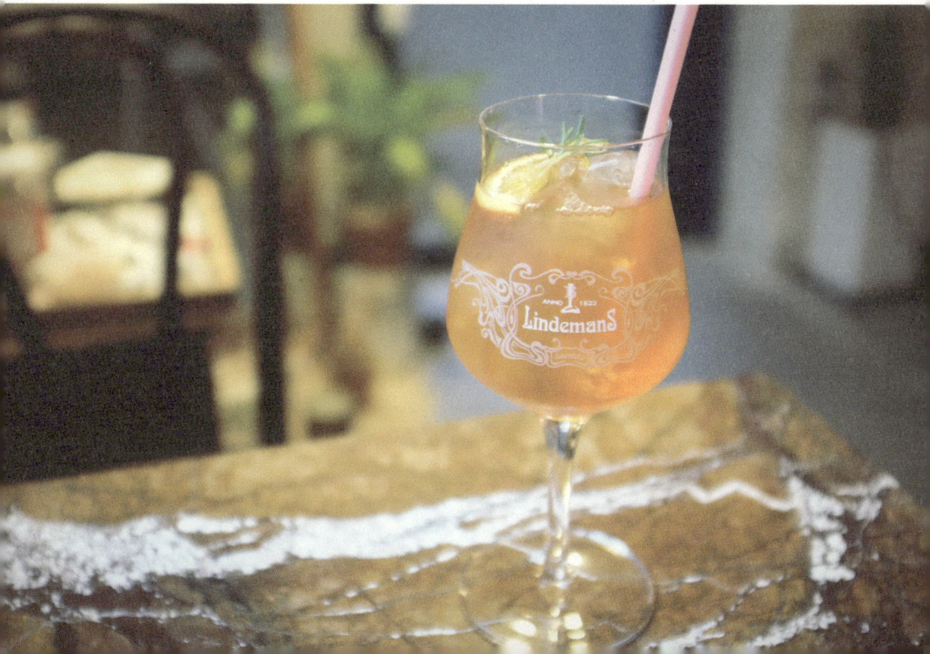
Lindemans

학림다방　　　　　　　　　36

학림다방

주소 서울 종로구 대학로 119 2층
영업 매일 10:00 - 23:00
휴무 없음

수많은 카페가 생겨나고 문을 닫는 요즘, 1956년에 오픈하여 세월의 흔적이 고스란히 남아있는 오래된 카페가 있다.

많은 시간이 흘렀지만, '학림다방'은 이제는 보기 힘든 오래된 소파와 레코드판까지 옛 모습을 곱게 간직하고 있어 손님들의 발길이 끊이질 않는다.

이곳의 대표 메뉴는 비엔나커피로 고풍스러운 찻잔에 보기 좋게 올려진 크림은 옛 정취가 느껴진다.

'학림다방'에 오면 시간을 거슬러 올라가 수많은 사람의 인생과 이야기가 들리는 듯한 과거로 시간 여행을 떠날 수 있다. 옛날 다방에 처음 와보는 젊은 사람들에게는 신선한 경험을, 오래전 이곳에 와봤던 어른들에게는 진한 향수를 선물해준다.

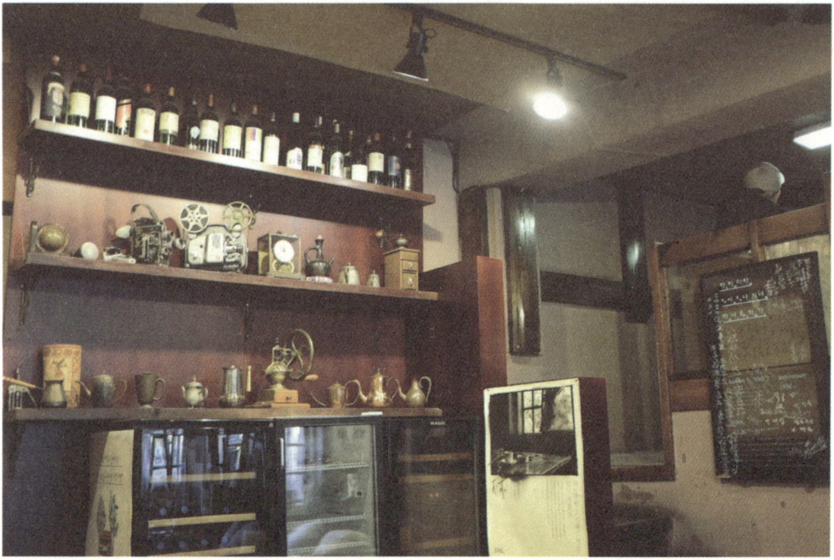

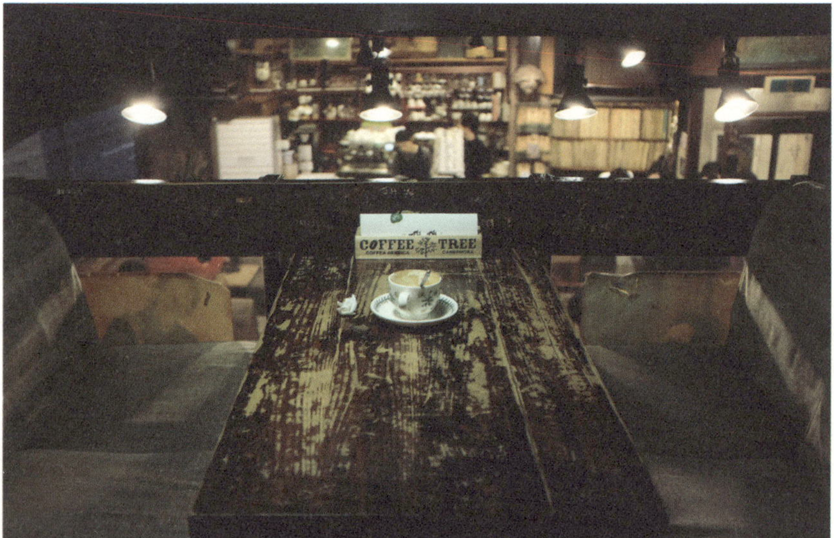
COFFEE TREE

조금 느려도 괜찮아

우리나라만큼 타인을 의식하고 눈치 보는 사회도 없을 것 같다.

과도한 오지랖에 스트레스를 받기도 하지만, 시간이 지나면 정작 남들은 나에 대해 생각만큼 크게 관심이 없다.

'다른 사람 눈에 어떻게 보일까?' 의식하기보다 스스로 주체가 되어 휘말리지 않고 나의 길을 가는 것이 좋다. 사회가 정해놓은 성공의 잣대에 비추어 봤을 때 좀 부족하고 뒤처져 있더라도 실패한 것은 아니다.

오히려 어릴 때부터 남들보다 더 빨리 무조건 1등만을 부추기는 한국인의 습성이 결국 병을 키웠다고 생각한다.

너무 열심히 살지 않아도 괜찮다. 우울증이 감기만큼 흔한 질병이 되어버린 현시대에는 오히려 조금 내려놓고 적당히 대충 사는 것도 필요하다.

남들보다 조금 느려도 괜찮다.

카페 키이로

Cafe Kiiro

37

카페 키이로 Cafe Kiiro

주소 서울 종로구 명륜4가 154-2 2층
영업 12:00 - 20:00
휴무 매주 월,화요일
Instagram @ki_iro

대학로에서 인기가 좋은 카페로 주말에는 어느 정도 기다림을 예상해야 한다. 카페 분위기는 일본의 작은 마을에 있는 조용한 카페를 연상시킨다.
제철 과일로 만든 음료와 디저트가 장점이다. 대표 메뉴인 말차 테린느를 비롯해 봄에 판매하는 벚꽃 몽블랑과 여름엔 복숭아 판나코타와 모모 산도의 인기가 좋다.

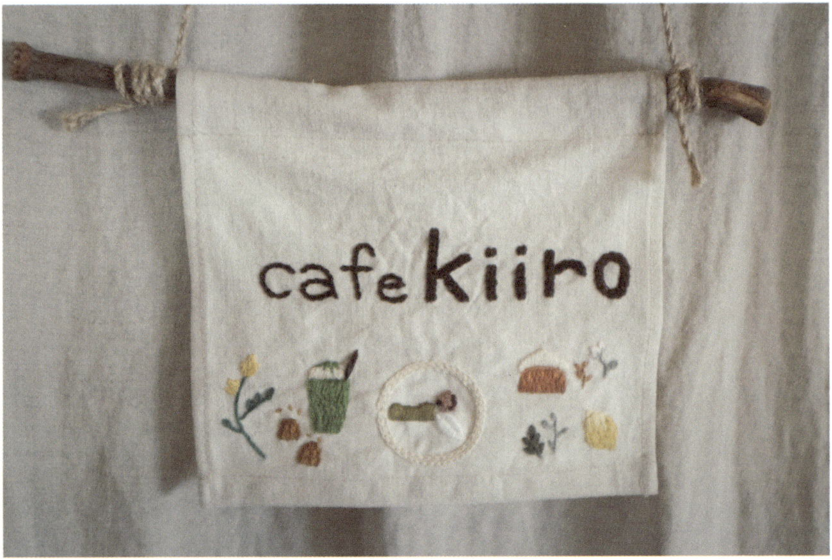
cafe kiiro

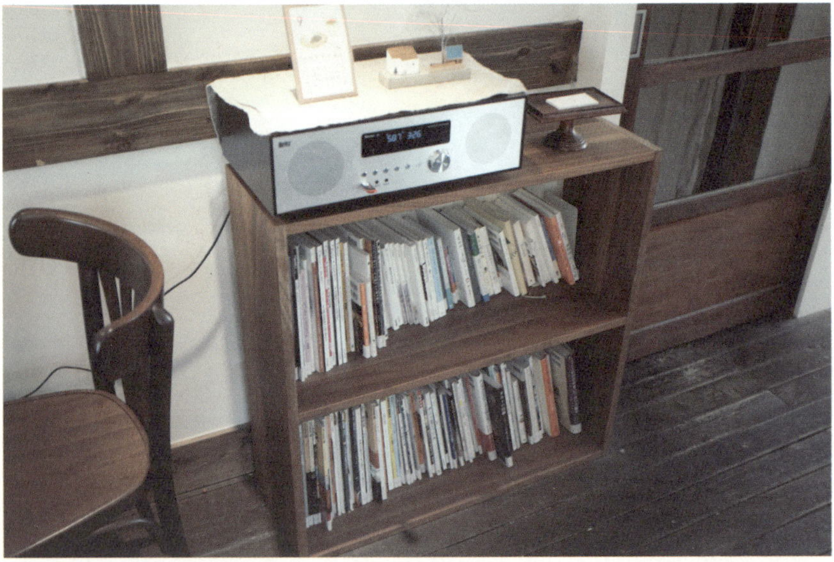

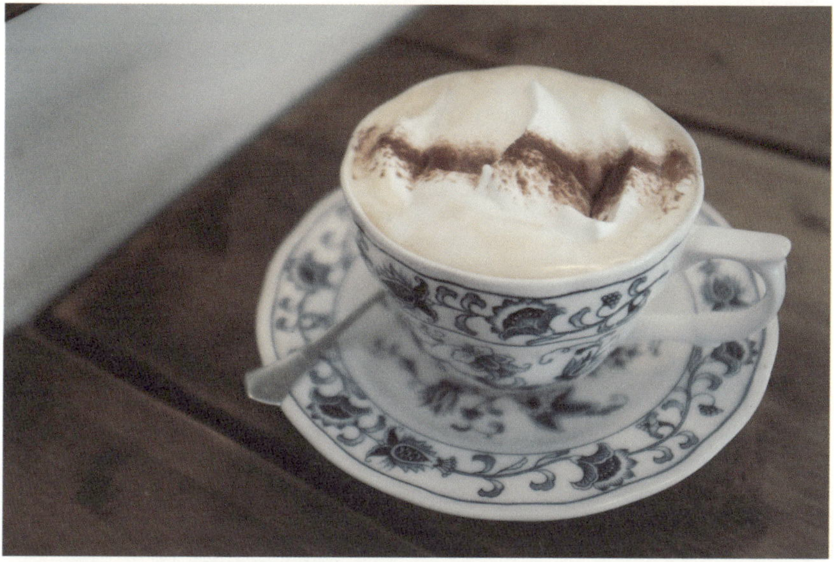

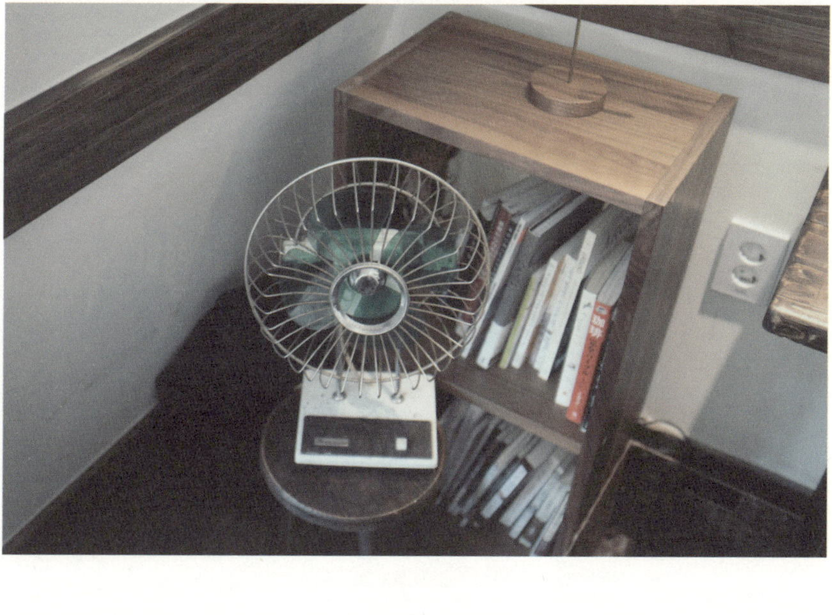

독일주택

Germany House

38

독일주택 Germany House

주소 서울 종로구 명륜4가 45-1
영업 매일 12:00 - 02:00
휴무 없음
Instagram @germany_house

한옥에서 마시는 맥주 한 잔이 참 운치 있다.

'독일주택'은 국내에서 접하기 힘든 세계 맥주와 수제 맥주, 와인까지 맛볼 수 있는 곳이다.

맥주를 주문하면 간단한 안주를 제공하는데, 부족하다 싶으면 소시지 등 맥주와 어울릴만한 음식도 메뉴에 있다.

술을 잘 못 마시는 사람들을 위해 커피와 디저트도 준비되어 있다.

일반 술집과는 달리 한옥에서 마시는 맥주라 더 이색적인 경험을 할 수 있고 혼술을 해도 전혀 어색하지 않은 곳이다.

화창한 오후 여유롭게 낮맥을 하거나 저녁 식사 후 가볍게 술 한잔하기에 딱 좋은 공간이다.

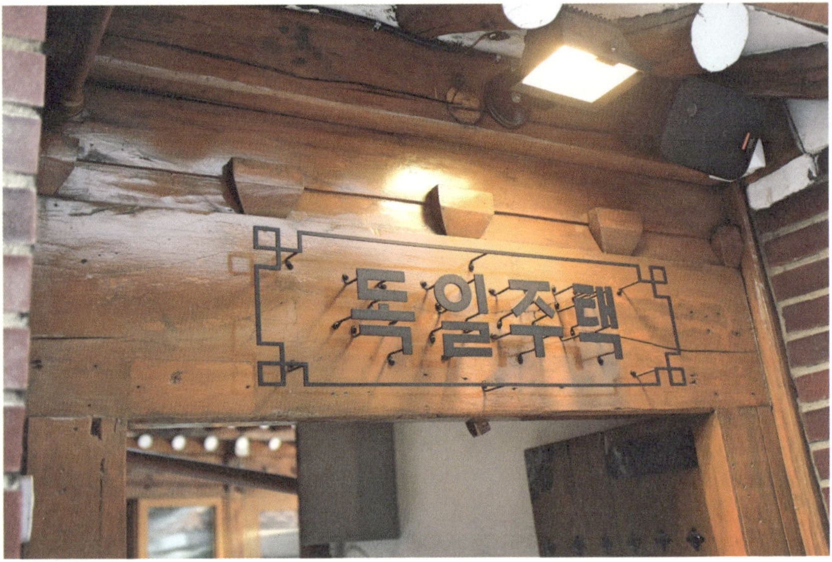
독일주택

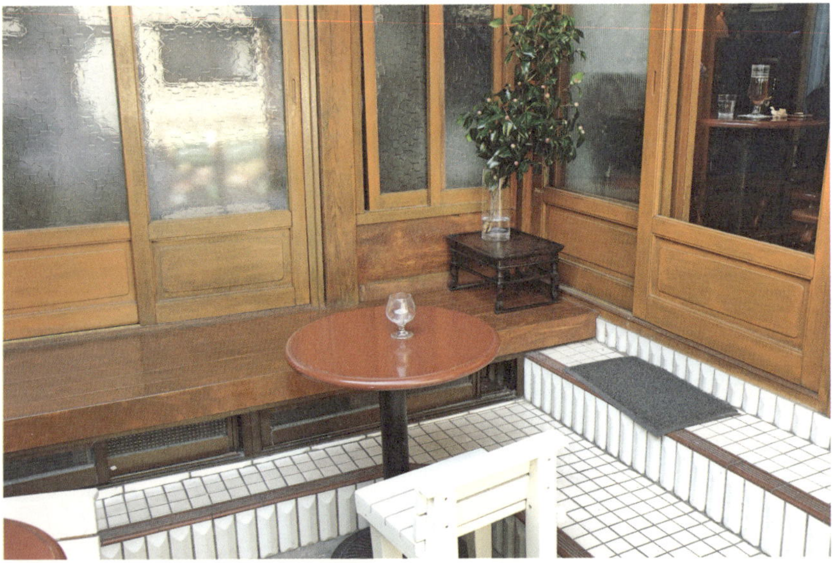

개와 늑대의 시간

해 질 녘 세상이 붉게 물들고 언덕 너머로 다가오는 실루엣이 내가 기르던 개인지, 나를 해치러 오는 늑대인지 분간할 수 없는 시간...

나이를 먹고 어른이 되어도 인간관계는 풀기 어려운 숙제다.

상대방의 말과 행동이 진심인지 아닌지 구분하기도 힘들고 믿었던 사람에게 뒤통수를 맞기도 한다. 여러 번 그런 경험들을 겪은 후 스스로 내린 처방은 처음부터 상대에게 큰 기대를 하지 않는 것이다.

슬픈 방법이긴 하지만 그래야 내가 어떤 호의를 베풀었을 때, 기대만큼 되돌아오지 않더라도 덜 실망하기 때문이다.

그렇게 조금씩 사람과 감정에 무뎌져 간다. 덜 상처받기 위해서...

PART 7

종로·을지로·서촌
북촌·삼청동·부암동

커피스트
Coffeest

39

커피스트 Coffeest

주소 서울 종로구 신문로2가 1-335
영업 화-토요일 11:00 - 21:00 일요일 12:00 - 18:00
휴무 매주 월요일
Instagram @coffeest_com

 서울 3대 커피 중 하나라는 '커피스트'에서는 최고의 비엔나커피를 만날 수 있다. 기본에 충실하기 때문에 커피를 진정으로 좋아하는 사람들이 찾는 곳이기도 하다.
 드립 커피로는 여러 종류의 원두 중 취향에 맞게 맛을 볼 수 있고, '미스사이공'이라는 달달한 베트남식 커피도 유명하다.
 깊고 맛있는 커피가 마시고 싶다면 '커피스트'를 추천한다.

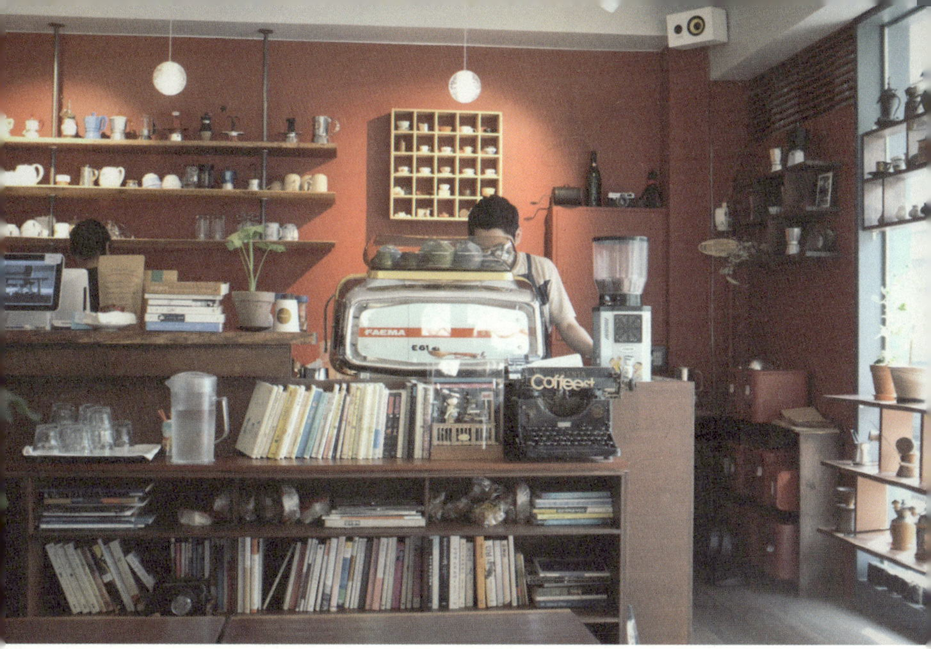
FAEMA
Coffeest

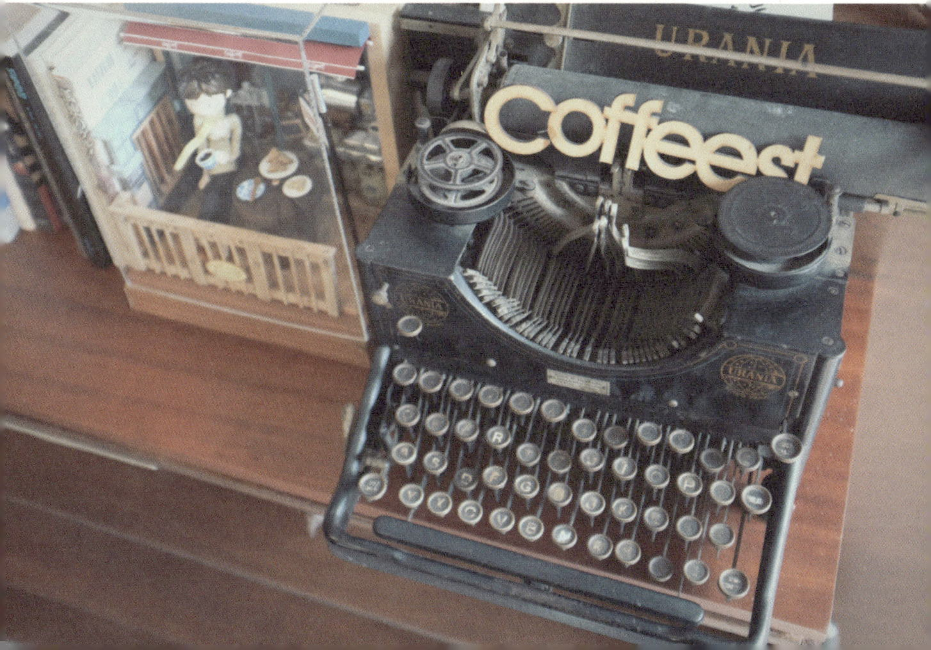
URANIA
Coffeest

사직커피
Sazik Coffee

40

사직커피 Sazik Coffee

주소 서울 종로구 사직동 303
영업 12:00 - 21:00
휴무 매주 월요일
Instagram @sazikcoffee

종로의 사직터널 위 빈티지한 감성 카페다.
광화문이나 경복궁 근처에 볼일이 있다면 방문해 보자.
  회색 벽돌의 건물 외관은 깔끔하고 차분한 느낌을 주고 내부의 인테리어도 심플하고 매력적이다. 커피와 디저트 역시 훌륭한 편이고 카페에서 보이는 사직터널의 뷰가 참 좋다.

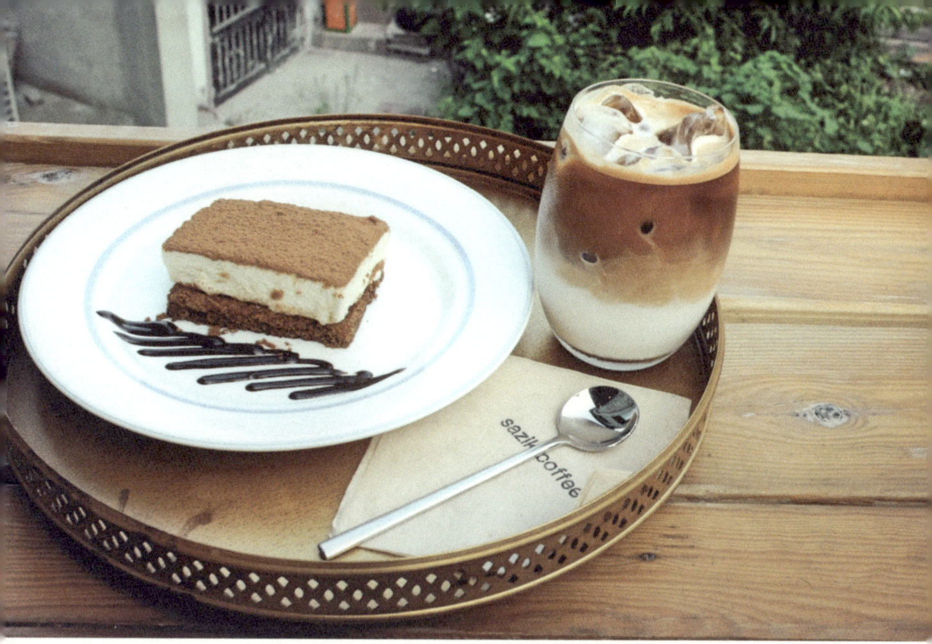
sazik coffee

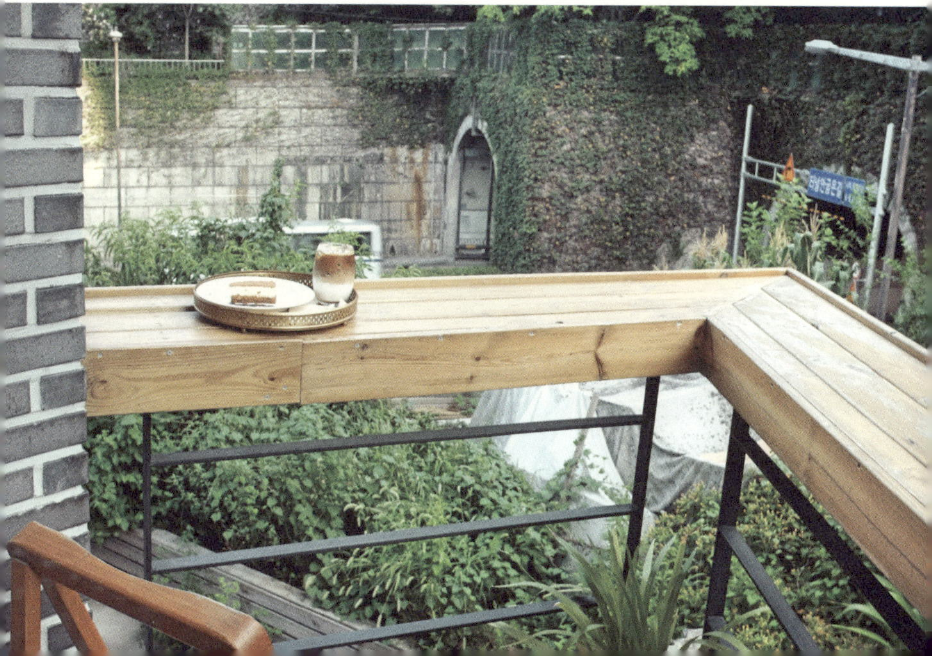

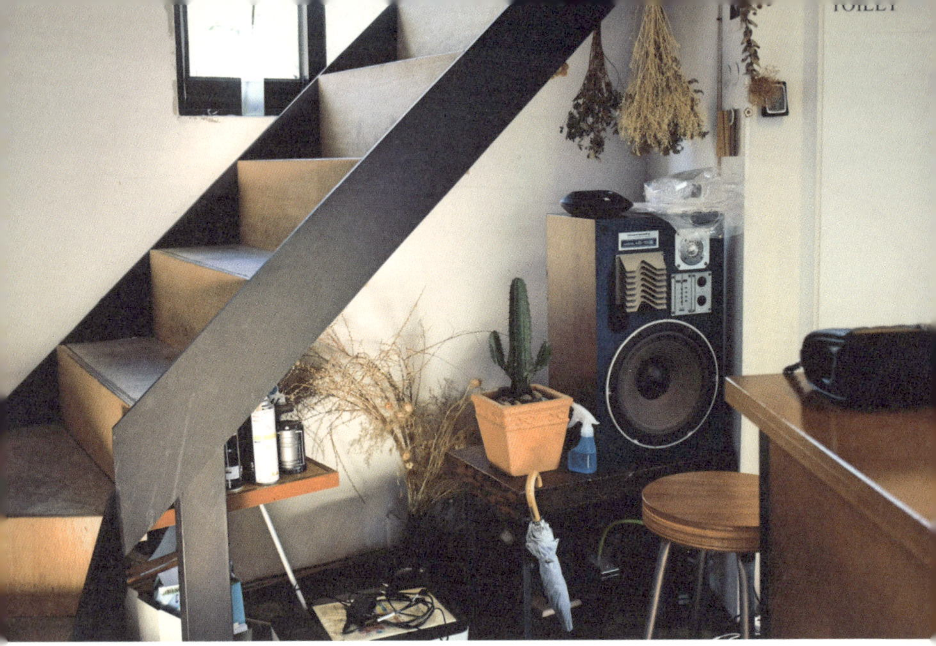

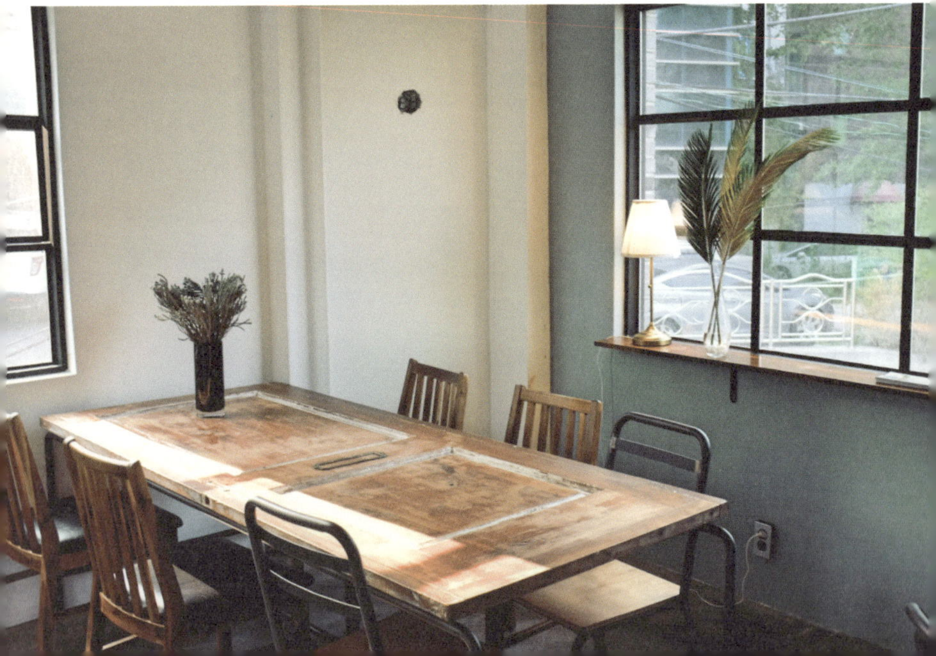

결혼은 미친짓일까?

'결혼은 미친 짓이다'라는 영화가 개봉했을 때, 왜 만들었을까 이해되지 않았는데, 그땐 어른이 되기 전이었기 때문이었다. 철없던 어린 시절에는 누구나 성인이 되면 학교를 졸업하고 취업을 해서 적당한 나이에 결혼도 자연스레 하게 되는 줄로만 알았다.

하지만 세월이 흘러 어른이 되자 남들처럼 평범하게 사는 게 가장 어렵다는 말을 실감하며 어릴 때 이상하게 생각했던 영화가 지극히 현실을 반영했던 것이라는 걸 알게 되었다. 그리고 매해 달력의 마지막 장을 넘기면서 점점 결혼이라는 단어에 대한 생각도 달라지고 있다.

결혼은 분명 더 행복해지기 위해 하는 것인데 현실은 결혼 전보다 행복하기가 어려울 수 있음을 느낀다. 그래서 결혼을 꼭 해야 하는가에 대한 질문에 나 역시 회의적이고 확답을 하지 못하게 되었다. 비혼주의자까지는 아니지만, 부모 세대와 달리 지금 젊은 사람들은 가치관이나 생각이 많이 달라졌기 때문에 사회적 현상이라고 볼 수 있다.

내일 어떻게 될지 모르는 게 인생이기에 좋은 사람을 만나 결혼을 할 수도 있겠지만, 현재 상황이나 마음으로는 내 인생에서 결혼이 쉬운 일은 아닐 것 같다. 누군가는 결혼 못 하는 사람의 자기합리화로 볼 수도 있을 것이다. 그렇다 할지라도 타인의 기준에 나를 맞추는 건 더 바보 같은 짓이라고 생각한다.

인생에 결코 정답은 없다.

민화 부티크
Minhwa Boutique

41

민화 부티크 Minhwa Boutique

주소 서울 종로구 낙원동 82-6
영업 매일 11:00 - 24:00
휴무 없음
Instagram @minhwaboutique

익선동 카페거리는 변화가 빠르고 갈수록 사람들의 발길이 늘어나는 중이다. 많은 카페 중 어떤 곳을 담을까 고민 끝에 가장 익선동의 느낌을 잘 살린 카페를 소개한다.

'민화 부티크'는 한옥의 아름다움을 보존하면서 개성 넘치는 인테리어와 다양하고 맛있는 디저트까지 아주 매력적인 공간이다.

한옥에 어울리는 고풍스러운 가구와 전통 창호에 그려진 그림들도 참 예쁘다. 카페의 전경이 내려다보이는 루프탑에 올라가면 고즈넉한 분위기를 만끽할 수 있다.

민화를 그리는 작가가 직접 운영하는 카페로 민화와 관련된 다양한 소품도 판매하고 있다.

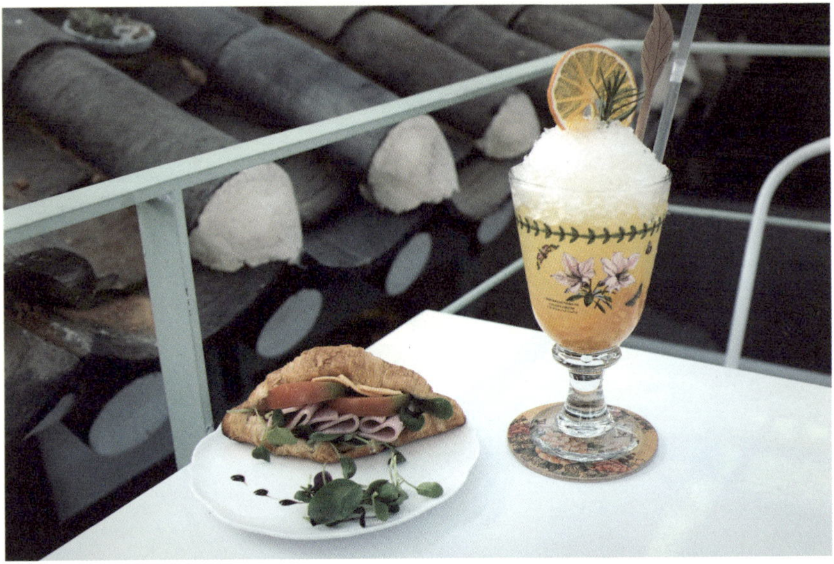

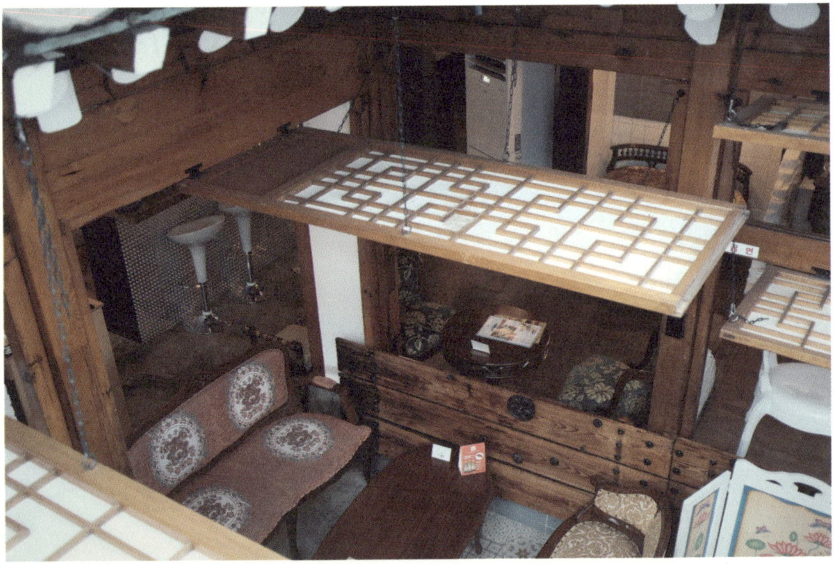

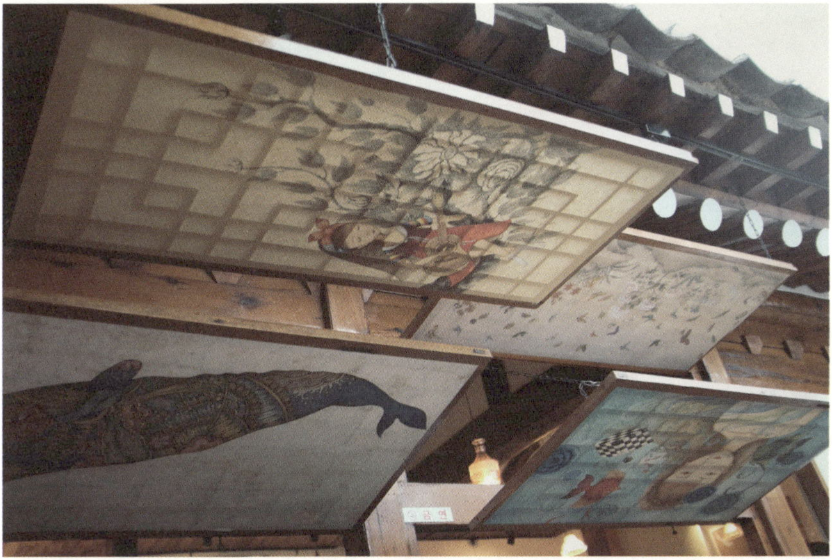

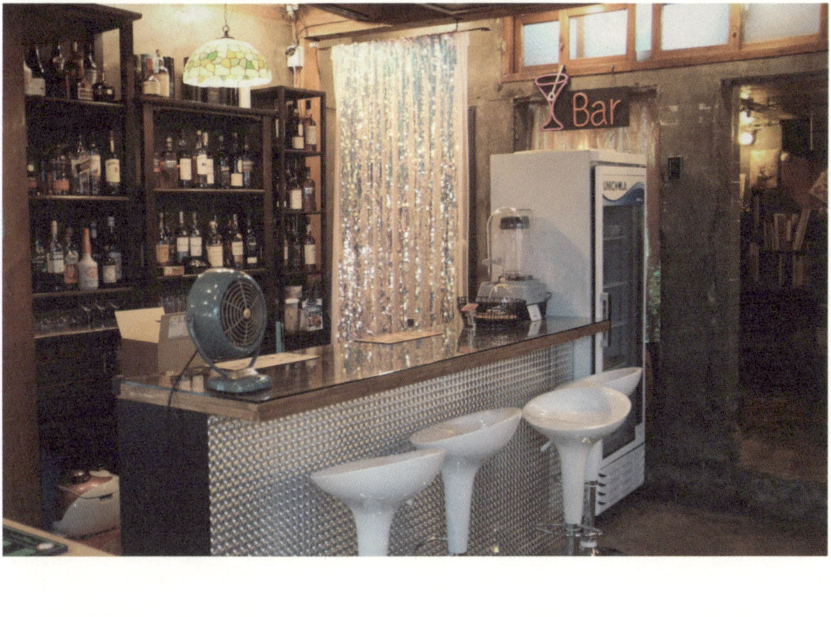
Bar

커피사마리아
Coffeesa Maria

42

커피사마리아 Coffeesa Maria

주소 서울 중구 을지로3가 278 3층
영업 12:00 - 20:00
휴무 매주 일요일
Instagram @coffeesa_maria

개성 있는 카페들이 하나둘 생기면서 핫플레이스로 뜨고 있는 을지로 카페들은 인쇄 골목 사이 예상치 못한 곳에 자리하고 있어 지도를 보고 마치 보물찾기 하듯 발견하는 재미가 있다.

이곳은 카페와 그림을 그리는 화실이 한 공간에 있어 자유분방하다. 캔버스와 팔레트 위로 햇빛이 비치면 그 자체로 하나의 그림이 된다.

시그니처 메뉴인 바나나 케이크는 강력 추천하는 디저트 메뉴다. 살짝 구워 바삭한 식감의 파운드 케이크와 달콤한 아이스크림의 조화가 환상적이며 커피와도 잘 어울린다.

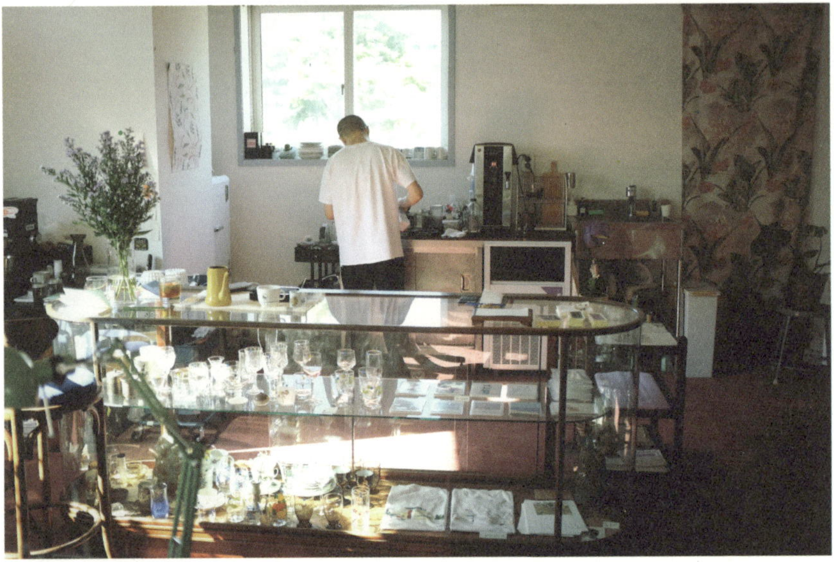

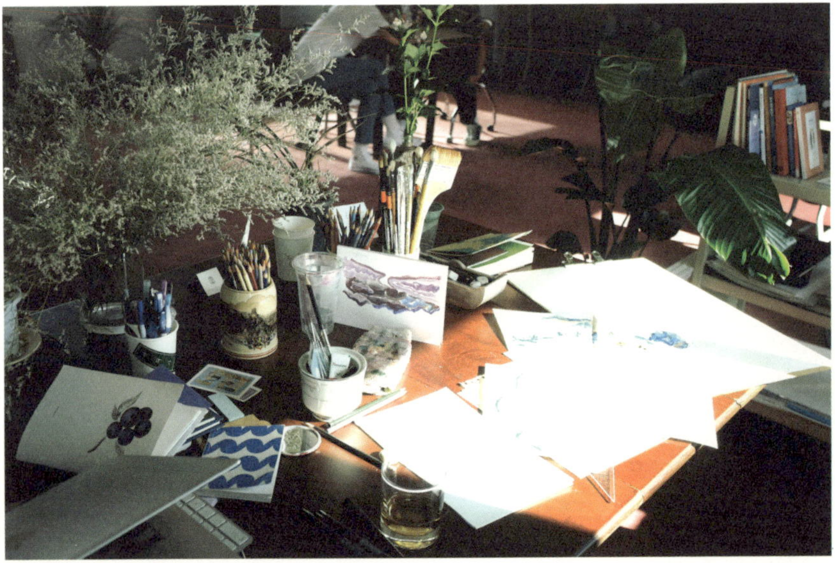

사랑이란...

처음엔 나에게 가장 큰 힘이 되어주던 존재가

어느새 가장 나를 힘들게 하는 사람이 되어

결국엔 남보다 못한 사이가 되는 것

이런 뜨겁던 사랑이

어떻게 이리 빨리 식을 수 있나요

우리 뜨겁던 이 심장도

아니죠

더 이상 그 맘이 아니죠

\# 폴킴 \# 느낌

탐스 로스팅코

Toms Roasting Co

43

탐스 로스팅코 Toms Roasting Co

주소 서울 종로구 내자동 142
영업 월-토요일 10:00 - 22:00 일요일 10:00 - 21:00
휴무 없음

서촌에 있는 카페답게 한옥의 멋을 그대로 살렸다.
'TOMS'라는 기업에서 운영하는 카페라 신발과 옷 등 관련 상품이 전시되어 있고 구매도 할 수 있다. 상품을 구매하면 어려운 아이들을 위해 기부가 되는 착한 기업이라 카페에도 호감이 간다.
커피를 주문하기 전 취향에 맞는 원두를 고를 수 있고, 세 가지 다른 원두를 이용한 세 종류의 커피를 조금씩 맛볼 수 있는 샘플러 메뉴가 독특하다.

WHAT YOUR PURCHASE SUPPORTS

EXCLUSIVE T-SHIRTS

Shoes for Education
아이들에게 교복과
신발을 기부할 경우
학교 출석률이
62% 증가합니다.

EXCLUSIVE T-SHIRTS

BLAKE MYCOSKIE
Founder & Chief Shoe Giver of TOMS

TOMS
One for One

TOMS

카페 스프링
Cafe Spring

44

카페 스프링 Cafe Spring

주소 서울 종로구 통의동 35-11
영업 매일 11:00 - 22:00
휴무 없음
Instagram @cafespring

서촌에 있는 카페로 많은 사람에게 사랑을 받는 곳이다.

조금은 차가운 듯한 새하얀 벽의 카페 입구와는 달리 내부는 따스한 분위기로 마음이 편해진다.

작은 소품 하나하나 신경을 썼고, 다양한 음료와 디저트 또한 기대를 저버리지 않는다.

대림미술관과 가까워 전시 관람 후 방문해도 좋다.

같은 자리를 오래 지키고 있는 만큼 믿음이 가는 카페다.

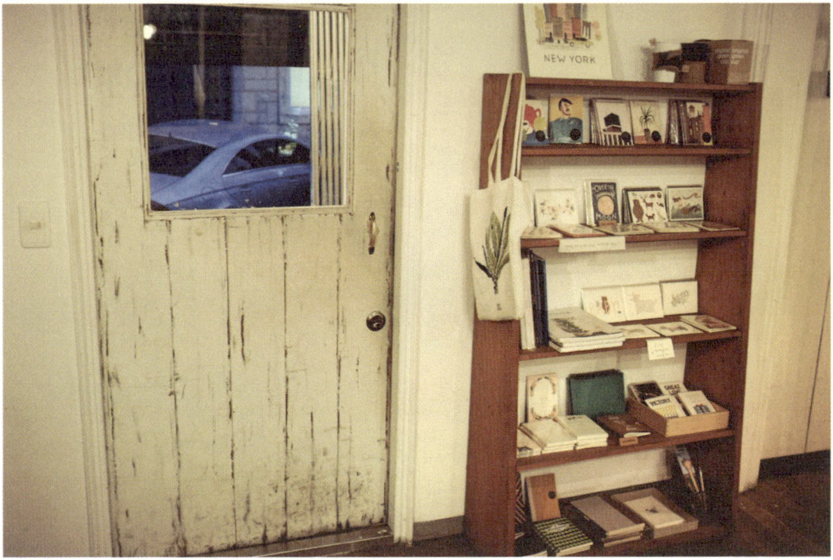
NEW YORK

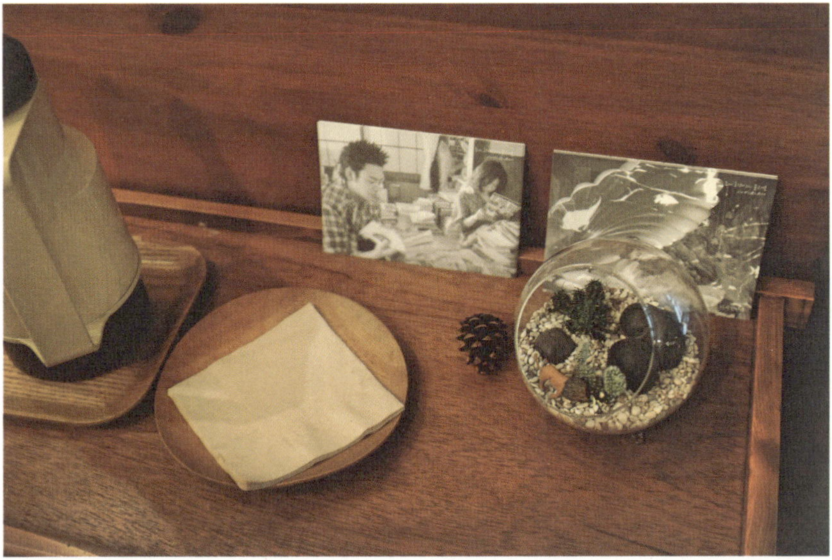

결국 돌아오게 되는 것

이제는 원망하지 않는다.
내가 원망하지 않더라도 타인에게 상처를 준 사람은 시간이 흘러 똑같이 아니 그 이상으로 자신에게 되돌아온다는 것을 알기 때문이다.

사람으로부터 상처받아 힘들어하는 사람들에게 꼭 이야기해주고 싶다.
날 아프게 한 사람을 향해 원망하는 마음도 아까우니 더는 시간과 감정을 허비하지 말고, 나 자신을 좀 더 아끼고 사랑하라고…
상처 준 그 사람보다 당신은 훨씬 더 괜찮고 좋은 사람이라고 말이다.

레이어드

Layered

45

레이어드 Layered

주소 서울 종로구 북촌로2길 2-3
영업 평일 08:00 - 22:00 주말 10:00 - 22:00
휴무 없음
Instagram @cafe_layered

안국역에서 가까운 '레이어드'는 당근 케이크와 스콘이 아주 맛있다. 국내뿐만 아니라 외국인 손님들도 많이 찾아 주말에는 자리 잡기 힘들 만큼 인기가 좋다. 한옥의 외관과 이국적이고 모던한 내부는 반전매력이 가득하다. 북촌에서 맛있는 커피와 빵을 즐기고 싶다면 '레이어드'를 추천한다.

Layered

그린마일커피

Green Mile Coffee

46

그린마일커피 Green Mile Coffee

주소 서울 종로구 가회동 11-49
영업 평일 08:00-21:00 토요일 10:00-21:00 일요일 10:00-19:00
휴무 없음
Instagram @green_mile_coffee

'그린마일커피'의 가장 큰 매력은 루프탑에서 바라보는 아름다운 한옥 풍경이다. 서울에서 여기만큼 한옥 뷰가 예쁜 카페는 보지 못했다. 그래서 이곳을 찾는 이들은 한옥을 배경으로 인생 사진을 얻기 위해 연인이나 친구를 위한 포토그래퍼가 된다.

커피 내리는 방식이 독특한 '사이폰 커피'도 직접 볼 수 있다. 실험실에서 볼 법한 두 개의 플라스크를 이용해 아래에 물이 담긴 플라스크와 분쇄된 원두가 있는 위쪽 플라스크가 서로 밀착된 채 진공상태를 이루고 있다. 알코올램프로 물이 끓으면 마치 빨대가 물을 빨아들이듯 위쪽으로 이동하여 커피와 섞인다. 아래쪽 플라스크의 물이 모두 증발하면 알코올램프의 뚜껑을 덮는다. 시간이 지나 위쪽의 커피는 압력이 낮아져 있는 아래로 중력에 의해 저절로 이동하게 되는 것이 '사이폰 커피'의 원리다.

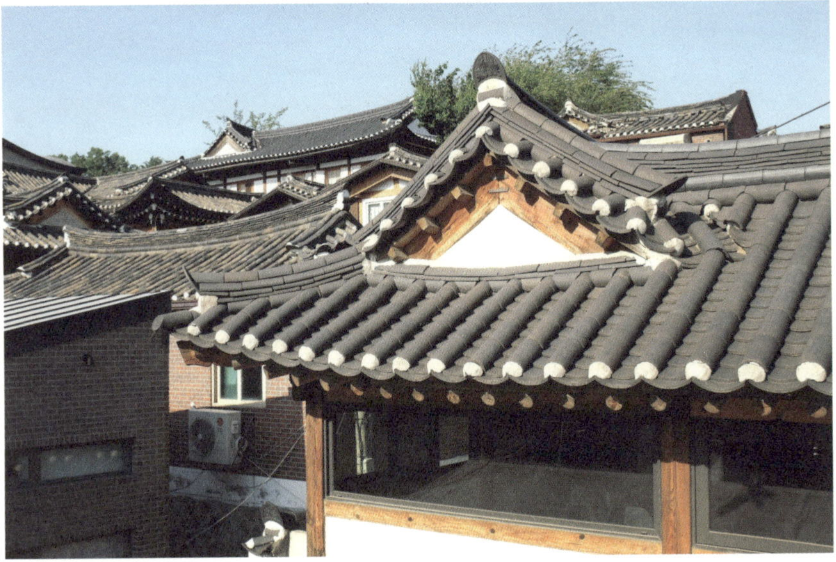

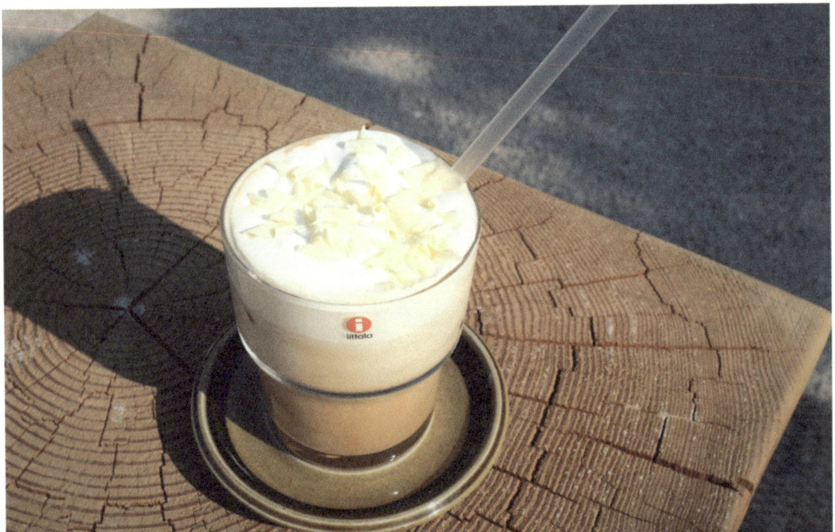
iittala

욜로골로

당당하게 '욜로'(You Only Live Once)를 외치며 뒤도 안 돌아보고 퇴사를 했다가 점점 '골로' 간다는 사자성어는 내 얘기이기도 하다.

하지만 지난 선택에 대한 후회는 전혀 없다. 당시엔 직장뿐 아니라 여러 스트레스가 최고에 달했고, 쉬지 않고 달려온 인생에 잠시 방학을 다녀와도 문제는 없을 거로 생각했다. 아직 미혼이기에 가능한 특권이기도 했다.

재취업이 쉽지는 않았지만, 홀로 유럽여행을 다녀온 뒤 사진집을 만들고 좋아하는 카페들을 다니며 두 번째 책까지 출간하게 된 것은 무엇과도 바꿀 수 없는 값진 경험과 시간이었다.

요즘엔 '욜로'에 이어서 '소확행'이나 '워라밸' 같은 단어가 유행하는 걸 보면 사람들의 가치관이 예전과는 확실히 달라졌다는 것이 보인다. 아무리 노력해도 나아지기 힘든 현실 속에서 자신을 위해 작은 행복을 추구하는 것이 손가락질당할만한 일은 아니라고 본다.

잠시 쉬어가도 오래 사는 것보다 행복하게 사는 게 더 중요하다고 생각한다. 내 인생의 주인공은 나 자신이고 내 의지와 선택에 대한 책임을 회피하지 않으면 된다.

SLOW STEADY CLUB

BLANKOF

OPEN 1:00PM TO 8:00PM
WWW.SLOWSTEADYCLUB.COM
T 02 725 1301

130-1 PALPAN JONGNO-GU
SEOUL, KOREA 03054

슬로우 스테디 클럽

Slow Steady Club

47

슬로우 스테디 클럽 Slow Steady Club

주소 서울 종로구 팔판동 130-1
영업 매일 13:00 - 20;00
휴무 없음
Instagram @slowsteadyclub

느리지만 꾸준함의 가치가 녹아있는 공간을 뜻하는 '슬로우 스테디 클럽'은 카페 겸 편집숍이다.
1층은 의류와 잡화, 2층은 카페와 라이프스타일 소품, 3층은 북악산과 삼청동의 전경이 보이는 루프탑이 가슴을 시원하게 한다.
커피도 마시고 진열된 상품도 구경하는 재미가 쏠쏠하다.

서울 감성카페투어 282

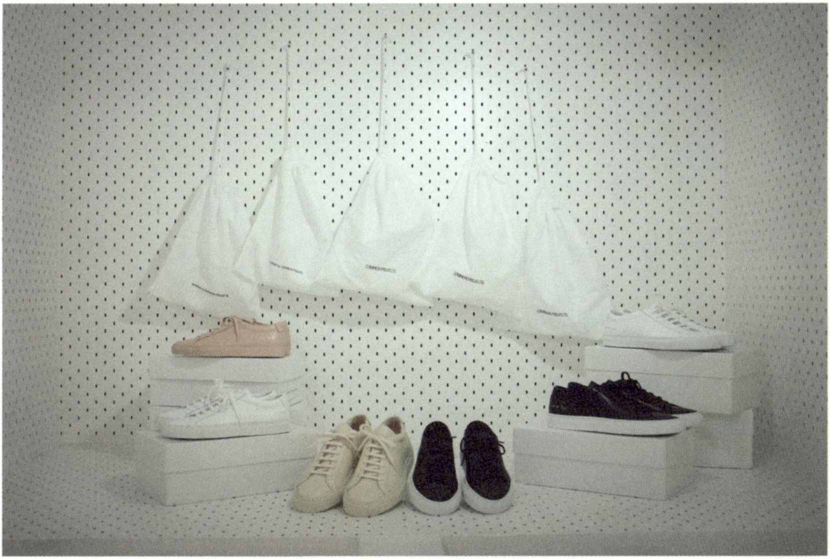

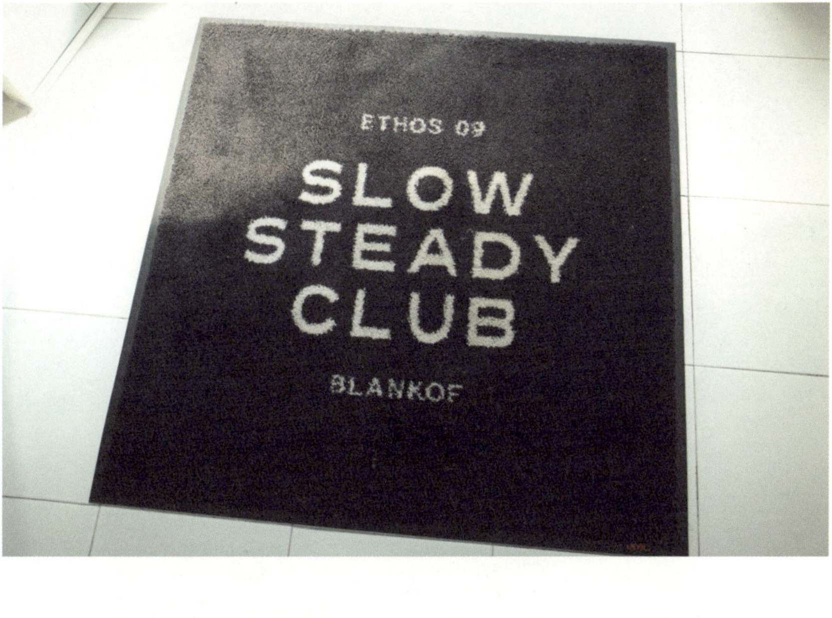
ETHOS 09
SLOW
STEADY
CLUB
BLANKOF

코소
COSO

48

코소 COSO

주소 서울 종로구 삼청동 11-8
영업 12:00 - 22:00 금,토요일 12:00 - 23:00
휴무 매주 월요일
Instagram @coso_seoul

스페인어로 '투우장'이라는 의미와 일본어로는 '소곤소곤'이라고 해석이 되는 'COSO'는 아티스트에게는 투우장 같은 치열하고 열정적인 공간과 동시에 관람객에게는 소곤소곤 감상하는 전시공간의 의미를 담아 이름을 지었다고 한다.

전시라는 문화를 자유롭게 접하지 못하는 현대인에게 코소는 그만큼 쉽고 편하게 예술을 만날 수 있는 공간이다. 제약이 많은 예술가에게는 전시의 기회를, 관람객들은 음료 한 잔의 비용으로 쉽게 예술 작품을 감상할 수 있다.

나 또한 이곳에서 '소소책장'이라는 독립출판물 전시회를 통해서 내 사진집을 전시할 수 있는 뜻깊은 경험을 했다.

4층으로 된 건물에서 다양한 작품들을 만날 수 있고, 전시뿐 아니라 연주회나 플리마켓 등 다양한 행사도 열린다.

삼청동에 간다면 카페에서 커피를 마시며 작품까지 감상하는 일거양득의 기회를 놓치지 않기를 바란다.

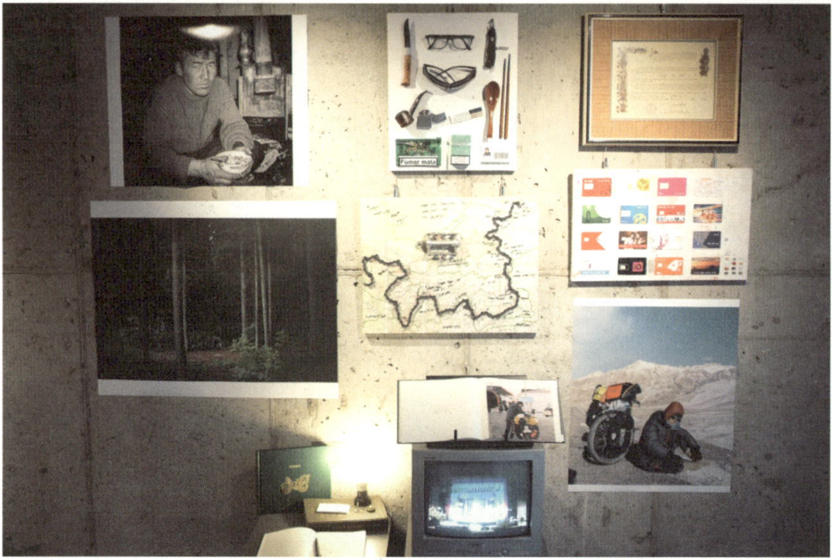
Fumar mata

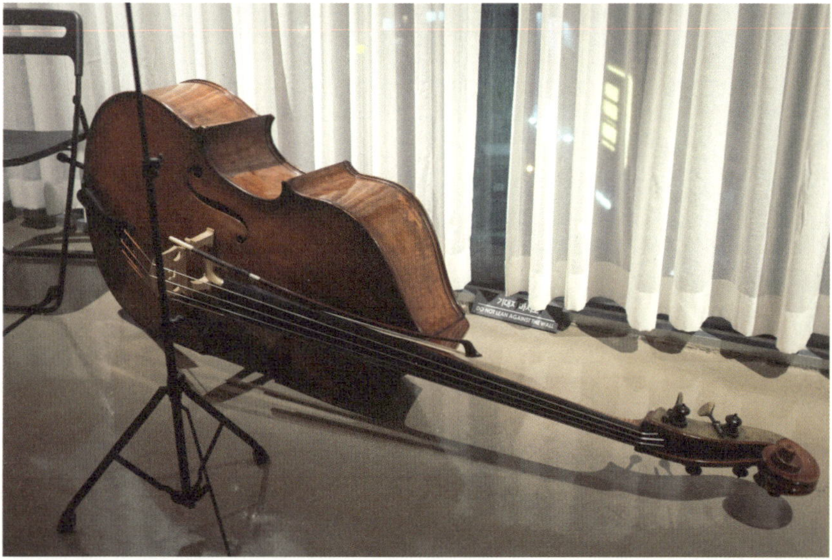
DO NOT LEAN AGAINST THE WALL

좋아하는 일하며 살기

내가 사진을 직업으로 갖지 않은 이유가 있다. 아무리 좋아하는 것이라도 그게 밥벌이가 되면 스트레스를 피할 수 없게 되고, 결국 사진이 싫어지게 될 것 같아서였다.

하지만 인생은 좋아하는 것만 하며 살아도 짧고, 어떤 일을 해도 스트레스받을 거라면 싫어하는 일보다는 좋아하는 일을 하는 게 낫지 않을까? 좋아하는 일이 꼭 직업으로 연결되지 않더라도 살면서 정말 해보고 싶었던 일이 있다면 도전해 보는 것이 후회가 없을 것이다.

내가 찍은 사진들로 사진집을 출판하며 작은 소원을 이루었지만, 언젠가는 내 이름으로 개인 사진전을 하고 싶다. 그래서 그 꿈을 실현하기 위해 꾸준히 사진을 찍고 전진해나갈 것이다.

CAFE D-55

49

CAFE D-55

주소 서울 종로구 삼청로5길 5
영업 수,목요일 12:00 - 21:00 금,토,일요일 12:00 - 22:00
휴무 매주 월,화요일
Instagram @cafed_55

변화가 많은 삼청동에서 오랫동안 같은 자리를 지키고 있는 카페다. 카페 겸 가구 전시장으로 공간을 대관할 수 있는 스튜디오도 운영 중이다. 예전에는 식사 메뉴도 제공했지만, 현재는 커피를 포함한 음료와 마들렌, 휘낭시에 같은 디저트를 판매하고 있다. 예쁜 가구와 소품을 구경하는 재미가 있고, 맑은 날 채광이 좋은 카페 2층에 가면 멋진 사진을 찍을 수 있다.

CAFE D-55
D:KITCHEN
ORIGINAL BURGER
PASTA
SALAD
WINE
Heatherwick
Studio

GARLIC
OLIVE OIL
PASTA

데미타스 Demitasse

주소 서울 종로구 부암동 254-5 2층
영업 12:00 - 20:00
휴무 매주 수요일
Instagram @_demitasse

부암동에서 오랫동안 자리를 지키고 있는 '데미타스'는 슬로우푸드를 지향하는 1인 식당이다. 음식을 파는 식당이지만, 차와 음료도 팔기 때문에 카페로 생각하고 방문해도 좋다.

이곳의 첫인상은 일본 영화 '심야식당'이 떠오르는데 따뜻하고 정겹다.

1층 좁은 계단을 따라 올라가면 예쁜 그릇과 소품들로 가득한 다락방 같은 공간이 나타난다.

대표 메뉴로 '생크림 새우 카레라이스'와 '소고기 챂스테이크 덮밥'이 있고, 평일 메뉴인 '장조림 덮밥'과 '떡볶이'도 인기가 좋다.

화려하고 시끄러운 곳을 피해 아늑한 공간에서 도란도란 얘기하며 시간을 보내고 싶을 때 오면 참 좋은 곳이다.

demitasse

homemade tea & foods

영양떡볶이
　　　　　　카레
들깨버섯덮밥 & 찹스테이크 덮밥

모과차
포도쥬스
콩가루 아이스크림
떡구이

![photo]

\# 인연, 그리고 감사

저는 '인연'이라는 단어를 좋아하고 아주 소중하게 생각하는 사람입니다. 직접 얼굴을 마주 보고 대화를 나눌 수 있는 건 아니지만, 이 책을 통해 만나는 독자분 모두 저에게는 정말 소중한 인연이라고 생각합니다.

서점에 수없이 많은 책 속에서 제 책을 선택하고 마지막 페이지까지 봐주셔서 진심으로 감사드린다는 말을 꼭 전하고 싶습니다. 책을 보고 난 후의 느낌은 모두 다르겠지만, 부디 제 마음이 잘 전달되었으면 하는 바람입니다.

그럼 언젠가 또 다른 인연으로 다시 만날 날을 기약하며...

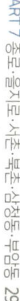

Epilogue

처음부터 책을 제작할 목적으로 카페를 다니진 않았습니다. 오래전부터 카페에서 혼자 보내는 시간을 좋아했습니다. 바쁜 삶 속에서 카페는 제게 한 템포 쉬어갈 수 있는 여유와 지친 몸과 마음을 치유할 수 있는 공간이었습니다.

카페마다 고유의 색깔이 있고, 그곳이 아니면 맛볼 수 없는 커피를 마실 수 있어 개인 카페를 좋아하게 되었습니다. 위치부터 오픈 시기나 규모, 컨셉 등은 모두 다르지만, 공간마다 그곳에 녹아있는 시간을 느낄 수 있었습니다.

손때 묻은 작은 소품들과 커피의 첫 모금을 넘기면서 카페를 운영하는 사람들의 취향과 맛있는 커피 한 잔을 위한 열정을 느낄 수 있었습니다. 어느 매장을 가도 똑같은 브랜드 카페보다 개성 넘치는 공간과 독특한 메뉴가 개인 카페의 매력이 아닐까 생각합니다.

사진을 찍는 저에게 카페라는 공간은 훌륭한 피사체가 돼주었습니다.

블로그에 제가 찍은 카페 사진을 보고, 그곳에 다녀왔다는 사람들을 보면서 뿌듯한 마음도 들었습니다. 카페에 머무는 시간은 한두 시간이지만, 다른 사람의 인생에 아주 잠시라도 영향을 준다는 것은 저에게 특별한 의미로 다가왔고, 이번 책을 만드는 계기가 되었습니다.

그렇게 하나둘 다녀온 카페들이 많아지면서 좀 더 여러 사람에게 좋은 공간을 소개하고 싶었습니다. 카페에 대한 정보와 함께 짧은 글도 담으면서 아직 '작가'라고 하기엔 어색하지만, 어느 때보다 더 큰 보람과 성취감을 느낄 수 있었습니다.

책을 마치고 보니 더 많은 지역에 고르게 분포된 카페를 소개하지 못한 점이 아쉽습니다. 하지만 책에 담긴 카페에 모두 발자취를 남기고, 사진 한 장마다 제 시선과 마음이 담겨 있어 애착이 갑니다.

부디 제 발걸음이 헛되지 않았기를 소망합니다.

마지막으로 '비 온 뒤에 땅이 굳는다'는 말처럼 지금 힘든 시기를 보내고 있는 분들께 머지않아 꼭 좋은 날이 올 거라 전하고 싶습니다.

이종훈(감성스냅)
이메일 prodo7@naver.com
블로그 blog.naver.com/prodo7
인스타그램 @sensitivity_snap

Thanks to 박나경 @anawithyou
'일상이라는 이름의 기적' 저자

*카페의 휴무나 영업시간은 변동될 수 있으니 방문 전 확인 바랍니다.
*카페를 통해 그 어떤 협찬도 받지 않았습니다.

서울 감성카페 투어
SEOUL CAFE TOUR

초판 1쇄 발행 2019년 1월 11일

글/사진 이종훈
펴낸이 방성열
펴낸곳 다산글방

출판등록 제313-2003-00328호
주소 서울특별시 마포구 동교로 36
전화 02) 338-3630 **팩스** 02) 338-3690
이메일 iebookblog@naver.com
홈페이지 www.iebook.co.kr

ⓒ 이종훈, 2019, Printed in Korea

ISBN 979-11-6078-095-6 03810

이 도서의 국립중앙도서관 출판예정도서목록(CIP)은 서지정보유통지원시스템 홈페이지(http://seoji.nl.go.kr)와 국가자료종합목록시스템(http://www.nl.go.kr/kolisnet)에서 이용하실 수 있습니다. (CIP제어번호 : CIP2018041416)

* 이 책은 저작권법에 의해 보호받는 저작물이며, 저자와 출판사의 서면 허락 없이 내용의 전부 또는 일부를 인용하거나 발췌하는 것을 금합니다.
* 제본, 인쇄가 잘못되거나 파손된 책은 구입하신 곳에서 교환해드립니다.
* 책값은 뒤표지에 있습니다.